KB157143

신인류가
온다

* 이 책은 친환경 재생지로 제작하였습니다.

지속 가능한 미래를 위해 새로운 가치와 삶의 방식을 선택한 사람들

신인류가
온다

일지 이승헌 지음

한문화

차례

머리말

신인류의 탄생을 기다리며　　　6

1장

왜 신인류인가?　　　19

2장

더 나은 스토리　　　59

3장

우리는 누구인가?　　　97

4장

우리의 실천　　　121

5장

신인류 선언　　　181

신인류의 탄생을 기다리며

올해 봄과 여름에 걸쳐 네 개의 대륙을 여행했다. 뉴질랜드에서 출발하여 한국과 일본을 거쳐 유럽의 스페인과 프랑스로, 다시 한국을 들러 미국으로 왔다. 뇌교육 수련생들과 독자들을 만나고 명상 워크숍을 진행하기 위해서였다. 이 기간에 어디에서 누구를 만나든 기후 위기가 늘 화제의 중심에 올랐다. 하나같이 '미친' 날씨와 점점 뜨거워지는 지구를 걱정했다.

뉴질랜드는 올해 초에 폭우로 큰 피해를 보았다. 예년 같으면 3개월간 내릴 비의 70%가 하루에 쏟아진 날도 있었다. 그야말로 하늘이 뚫린 듯 장대비를 퍼부어서 오클랜드 국제공항 일부가 물에 잠겨 폐쇄되기도 했다. 한국에 도착하니 폭염이 기승을 부렸다. 전국 곳곳에 폭염주의보가 발효되더니 폭염과 폭우가 번갈아 오는 날이 잦아졌다. 급기야 청주에서 폭우로 범람한 강물이 눈 깜짝할 사이에 지하차도를 삼켜 수많은 사상자를 냈다. 일본도 예외가 아니었다. 일부 지역에서는 기록적인 폭우가 쏟아지고, 다른 곳에서는 폭염이 이어져 도쿄에서만 7월 한 달간 온열질환으로 추정되는 사망자가 70명이나 된다.

유럽에 도착한 지 얼마 안 되어 이탈리아와 그리스에서 가뭄으로 발생한 대형 산불 소식을 들었다. 스페인에서 지인들과 함께 명상 워크숍을 준비하던 중에 그리스의 로도스섬 전체가 활활 타오르는 충격적인 모습을 뉴스로 지켜보았다. 미국의 상황도 다르지 않았다. 내 집이 있는 애리조나도 43도가 넘는 날씨가 한 달 이상 계속되어 사막 날씨에 최적화된 사와로 선인장마저 말라 죽어가고 있었다. 가까운 캘리포니아와 네바다에 대형 산불이 나서 서울 면적의 절반이 넘는 산야를 태웠다.

여행 기간 내내 지금 지구가 처한 현실을 그 어느 때보다 절박하게 체감했다. 한 도시나 한 나라에서만 일어나는 일이 아니다. 보통은 50~100년 사이에 한 번 일어난다는 수준의 재해가 세계 곳곳에서 일상적으로 일어나고 있다.

유엔 사무총장은 올여름 이례적인 폭염에 관해 "지구 온난화 시대가 끝나고 지구 열대화 시대가 시작되었다"라고 평가했다. 기후변화 연구단체인 클라이밋센트럴Climate Central에 따르면, 올해 7월에 지구촌 인구의 81%가 폭염을 경험했다고 한다. 폭염과 홍수로 농작물들의 피해도 심각하고, 경제 생산성도 뚝 떨어져 기후변화에 따른 비용 손실이 눈덩이처럼 불어나고 있다. 이런 변화를 예상했던 과학자들마저도 이 정도로 심각한 규모로 진행될 줄은 몰랐다고 놀라워한다.

이런 상황에 대해 누구에게 책임을 물을 수 있을까? 중요한 정책을 입안하고 결정하는 사회의 지도자들뿐만 아니라 지구에 발을 딛고 지구의 공기를 마시며 사는 모두가 지금의 지구 현실에 책임이 있다. 크든 작든, 의도했든 그렇지 않았든 우리는 모두 지금의 지구 현실에 일조했기 때문이다. 기후 위기뿐만 아니라 빈부 격차, 국제 분쟁, 사회적 폭력과 불안 등 지금 지구와 인류가 겪고 있는 심각한 문제들은 이 시대를 살고 있는 우리 모두의 선택과 행동의 결과이다. 우리는 이 진실을 정직하게 받아들이고 지구와 모든 생명 앞에 진심으로 참회해야 한다. 참회가 생각으로 끝난다면 아무런 희망이 없다. 참회가 우리의 내면을 뒤흔드는 각성으로, 각성이 매일의 변화와 실천으로 이어져야 한다.

우리에게 얼마의 시간이 주어져 있는지는 아무도 모른다. 분명한 사실은 기후변화를 비롯해 우리가 우려하는 변화의 속도가 점점 빨라지고 있다는 점이다. 지구가 안고 있는 문제는 갈수록 커지는 데 비해 우리에게 주어진 시간은 점점 짧아지고 있다. 그런 만큼 우리는 근본적이면서도 신속한 변화를 만들어내야 한다.

지금 우리에게는 마치 진화의 역사에 새로운 종이 탄생하는 것과 같은 큰 변화가 필요하다. 오랜 세월에 걸쳐 일어나는 점진적인 적응과 진화가 아니라 단시간에 일어나는 돌연변이와 같은 신속한 변화를 만들어내야 한다. 생물학적 변화는 시간이 오래 걸리지만 생각과 의식의 변화는 순간적으로도 일어날 수 있다. 그러한 변화는 우리가 이 문제를 얼마나 절박하게 느끼고, 얼마나 의지를 내느냐에 달려 있다. 우리가 정말로 변화의 필요성을 느끼고 진심으로 선택한다면, 생각과 의식의 변화는 단시간에 일어날 수 있다.

이러한 변화가 많은 사람의 의식적인 선택으로 동시에 일어난다면, 그것은 개인적인 변화를 넘어 새로운 종의 탄생을 가능하게 할 것이다. 새로운 의식으로 사고하고 행동하는 새로운 인류의 탄생 말이다. 현재 지구의 문제는 그러한 수준의 변화를 요구한다. 지구를 중심으로 모든 생명체의 연결성을 느끼고, 자신만의 이익이 아니라 공생을 목표로 생각하고 선택하고 행동하는 인류가 필요하다. 나는 이 새로운 인류를 '공생하는 인간, 호모 코이그지스턴스Homo Coexistence'라고 부르고자 한다.

신인류 선언

전작인 《공생의 기술》을 출간한 직후, 나는 이러한 생각을 담아 지구시민운동을 함께해온 회원들과 '신인류 선언문'을 발표하고, 서약 운동을 시작했다. 지구와 인류에게 절실하게 필요한 변화를 바로 지금, 우리가 함께 만들어나가자는 취지의 이 운동은 현재 16개 나라에서 진행되고 있다. 신인류 서약의 핵심을 한 문장으로 요약하면 다음과 같다.

"나는 신인류의 일원으로서 지구와 공생하는 일을 나의 책임이자 우선순위로 삼을 것을 서약합니다."

신인류의 일원이 된다는 것은 지금까지와는 다른 삶의 가치와 방식을 선택한다는 의미이다. 공생을 실천하는 과정에서 우리는 익숙한 것과 결별하고, 편안함 대신 불편함을 선택하고, 전체를 위해 개인적인 이익을 희생하는 어려운 결정을 해야 할 때도 있을 것이다. 신인류의 일원이 된다는 것은 우리가 기꺼이 그렇게 할 준비가 되어 있다는 것을 스스로에게 확인시키는 것이다.

지구와 공생하는 일을 나의 책임이자 우선순위로 삼는다는 것은 늘 공생을 생각하며 일상에서 실천하겠다는 다짐이다. 내 책임이라고 생각하면 '다른 사람들도 다 안 하는데'라는 핑계를 댈 수 없다. 우선순위로 삼으면 '바쁜 일 먼저 마무리하고 나서'라며 실천을 뒤로 미룰 수 없다.

지구와의 공생을 나의 책임으로 삼는다는 것은 마치 내 앞으로 날아온 청구서 대금을 지불하듯이, 나에게 생존을 의존하는 어린 자녀들을 보살피듯이 그런 마음과 태도로 임한다는 것이다. 내가 중요하다고 생각하는 다른 모든 것을 다 챙기고 난 뒤에 지구를 보살피는 것이 아니라, 지구의 건강과 안녕이 내가 중요하다고 생각하는 모든 것들 속에 확고한 중심 가치로 자리 잡도록 하는 것이다.

우리는 다른 모든 생명과 마찬가지로 자연으로부터 생명을 부여받았다. 자연 앞에서 모든 인류는 하나이고, 모든 생명은 하나이다. 모든 것은 하나로 연결되어 있고,

그 어떤 것도 따로 떨어져서 존재하지 않는다. 우리는 부인할 수 없는 이 진실을 뼛속까지 자각하고, 전체 생명을 보살피고 살리는 신인류로 다시 태어나야 한다.

이 책은 이미 발표한 신인류 선언의 해설서이자 실천 지침서이다. 신인류 선언을 처음 접한다면, 이 책이 서약에 참여하도록 영감을 주고, 더 나은 세상을 만드는 데 기여하도록 당신의 열정을 상기시켜줄 것이다. 이미 서약을 했다면 당신이 서약을 실천하며 '공생하는 인간'으로 성장해나가는 데 이 책이 도움을 줄 것이다.

내가 나를 낳는다

우리가 원하는 공생 세상을 만들 수 있는 가장 강력한 힘은 한 사람 한 사람의 자각과 선택과 실천에 있다. 나는 신인류의 탄생으로 이어질 이러한 깨어남을 '내가 나를 낳는다'라는 말로 표현하고 싶다.

우리의 육체는 부모님에 의해 한 번 태어나지만, 우리의 의식과 정신은 언제든지 새롭게 태어날 수 있다. 내가 나를 낳는다는 것은 '나는 스스로 선택할 수 있고, 변화할 수 있고, 성장할 수 있는 존재'라는 자신에 대한 믿음에서 시작한다. 우리는 존엄한 인간으로서 자기 안의 가능성을 스스로 완전하게 실현할 수 있는 자립적이고 주체적인 존재이다. 이러한 믿음이 있는 사람은 스스로 자기 가치를 발견하고 자신의 운명을 개척해나갈 수 있다. 삶에서 열정과 희망을 추구하며 매일 자기 자신을 새롭게 낳는 진정한 자기 창조의 삶을 살 수 있다.

신인류 탄생을 위해 가장 절실하게 필요한 것은 바로 한 사람 한 사람이 자기 자신의 가치와 인류의 가치를 새롭게 발견하는 것이다. 그리고 그 가치를 실현할 수 있다는 꿈과 희망을 품는 것이다. 인간은 자신만의 이익을 넘어 더 큰 공공선公共善을 위해 노력할 수 있는 존재이다. 이것이 우리가 가진 진정한 힘이다. 자신을 믿고 자신의 운명을 스스로 개척하며 더 나은 세상을 위해 선의를 실천할 의지가 있는가? 모두에게 그러한 의지가 있다면 우리는 서로를 깊이 신뢰하며 인류의 운명을 스스로 개척할 수 있다.

《공생의 기술》에서도 여러 번 강조했지만, 인류의 역사

어느 때에도 인류의 집단적인 선택이 지구와 인류의 미래 방향을 완전히 바꿀 수 있는 지금과 같은 힘을 가져본 적이 없었다. 우리 이전 세대의 인류는 자연과 지구는 영원할 것이라 생각했다. 지금 우리 세대에게 지구는 우리가 어떻게 하느냐에 따라 살릴 수도 파괴할 수도 있는 그런 대상이다. 당신과 나를 포함해 지금 이 시대를 살아가는 모두는, 생애 내에 우리의 선택으로 지구의 상태와 인류의 삶이 완전히 달라지는 것을 목격하는 첫 세대가 될 것이다. 우리는 충분히 이 세상을 바꿀 수 있는 존재이다. 우리에게 그런 힘이 있음을 단 한 순간도 잊지 말자. 당신이 자기 인생을 스스로 바꿀 수 있다고 믿는다면, 세상도 바꿀 수 있다. 그러니 인류에게 더 나은 미래가 가능하다고 강력하게 믿고, 그러한 미래를 희망하자. 우리가 지구를 더 평화롭고 정의롭고 지속 가능한 생명 공동체로 만들 수 있다는 희망을 절대 포기하지 말자. 더 나은 삶과 더 나은 세상에 대한 꿈과 희망을 포기하지 않는다면 그 희망이 우리를 일으켜 세워 앞으로 나아가게 할 것이다.

꿈과 희망은 방황을 모험이 되게 하고, 무기력을 열정으로 바꾸고, 흩어진 마음을 하나로 모아준다. 희망은 모든 것이 순조롭게 잘 풀릴 때가 아닌 가장 힘들 때 그 진가를 발휘한다. 환한 대낮에는 수백 개의 촛불을 켜도 별 존재감이 없다. 그러나 깜깜한 밤에는 단 하나의 촛불일지라도 그 빛이 어둠 속에서 방향을 알려준다. 지금 우리에게는 한두 개가 아니라 수천, 수만, 수억 개의 촛불이 필요하다. 나도, 당신도 그 촛불의 하나라고 믿는다.

신인류 선언이 그리는 미래는 그냥 오지 않는다. 그 미래는 우리가 불안과 걱정 속에서 지켜보며 기다리는 것이 아니라 의지와 선택과 행동을 통해 만들어가는 것이다. 신인류가 된다는 것은 어제의 내가 아닌 오늘의 나로 살겠다는 의지이고, 선택이다. 현재 지구와 인류가 처한 현실을 직시하며 그 현실을 바꾸는 행동을 '오늘', '내가' 하는 것이다. 당신과 내가 지구를 살리는 기적은 어떤 큰 사건이나 이벤트가 가져다주지 않는다. 기적과 희망은 우리가 매일 일상에서 실천하는 작은 변화들 속에 있다.

당신이 이 책을 통해서 신인류의 일원이 되면 좋겠다.

그리하여 평화롭고 지속 가능한 지구를 우리의 힘으로 창조하는 인류 역사상 최고의 프로젝트에 함께하기를 바란다.

뉴질랜드 얼스 빌리지에서
일지 이승헌

1장

왜 신인류인가?

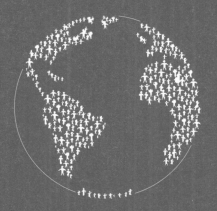

"지금 당신의 삶을 힘들게 하는 것은 무엇입니까?" "무엇이 당신에게 가장 큰 스트레스를 줍니까?" 나는 워크숍이나 수련회에서 참석자들에게 위와 같은 질문을 던지곤한다. 가장 많이 나오는 대답은 일, 돈, 가족, 건강, 노후등이다. 지난 수십 년 동안 세계 곳곳에서 다양한 문화적배경을 가진 사람들에게 이 질문을 해왔지만, 답은 크게달라지지 않았다. 그런데 최근 들어 많은 사람이 이야기하는 새로운 답이 하나 있다. '불확실성'이다. 예측할 수없고, 통제할 수도 없는 변화가 많이 발생하기 때문일 것이다.

개인의 삶은 물론이고 한 나라의 역사나 전체 인류의 역사를 봐도 새로운 도전과 변화는 늘 존재했다. 우리 이전의 많은 세대도 세상이 위험에 처해 있다고 생각했다. 하지만 변화의 속도나 위험의 크기가 현재와 같은 때는 없었다. 심지어 핵무기조차도 예전에는 위험을 예측하고 통제할 수 있다고 믿었기에 개인의 삶에 큰 위협으로 다가오지는 않았다. 지금 일어나고 있는 상황들은 위험의 범위와 복잡성, 삶에 미치는 직접적인 영향, 이를 극복하기 위한 개인의 역할과 책임이라는 면에서 이전의 위험들과는 확연하게 다르다.

예를 들어 지구 생태계와 기후 시스템은 문제 규모가 매우 광범위하고 많은 요소가 연결되어 있어서 현재 우리가 정확히 어떤 위치에 있는지 파악하기가 쉽지 않다. 하지만 이대로 계속되었을 때 예상되는 위험의 크기가 우리가 감당할 수 없는 수준일 것임은 분명하다. 기후변화 문제의 성격 자체는 지구적인 규모이지만 우리는 그 여파를 일상생활 속에서 피부로 느끼고 있다.

2023년 봄, 고온과 가뭄의 영향으로 캐나다에서는 역대급으로 가장 심각한 산불이 일어났다. 몇 달에 걸쳐 불길이 캐나다 전역으로 번지면서 통제 불가능한 산불 수백 개가 동시다발적으로 발생했다. 6월에는 그 연기가 미국 동부 지역을 덮어서 뉴욕 하늘이 오렌지빛으로 바뀌고 대서양을 건너 유럽 하늘에까지 퍼졌다. 지금 이 책을 쓰고 있는 8월 초 현재, 우리나라 총면적의 1.5배가 넘는 삼림을 태운 캐나다의 산불은 아직도 계속되고 있다.

오늘 아침 뉴스에서 내가 사랑하는 미국 하와이의 마우이섬이 불길에 활활 타오르는 모습을 보았다. 순식간에 퍼진 산불로 집과 마을, 사랑하는 가족을 잃은 주민들은 충격으로 넋이 나간 채 대피소 바닥에 주저앉아 있었다. 그들의 모습은 올여름 우리나라가 겪은 홍수와 산사태의 비극을 떠올리게 했다. 지구 온난화의 영향으로 일어나는 재해는 지금 이 순간에도 세계 곳곳에서 수많은 이들의 삶을 파괴하고 있다.

우리의 삶을 위협하는 것은 불안정한 기후만이 아니다. 올해 초 미국 서부의 실리콘밸리은행에서 불안감을 느낀 예금주들이 은행에서 자신의 예금을 동시에 인출하는 뱅크런이 일어났다. 사태의 심각성을 직시한 미국 연방준비위원회와 재무부가 나서서 전액을 지급보증 하여 확산을 막았다. 하지만 불똥이 미국 동부의 한 은행으로 튀었고, 곧이어 유럽으로 넘어가 스위스에서 두 번째로 큰 은행으로 번졌다. 1930년대 대공황 이래 처음으로 연쇄 뱅크런이 실제로 일어날 수 있음을 목격하였다. 다행히 스위스와 EU, 미국 정부와 국제 금융기구의 적극적인 개입으로 사태가 더 이상 확대되지는 않았다. 조금만 대응이 늦었어도 런던, 홍콩, 도쿄, 베이징으로 퍼져나가 전 세계적인 금융시스템의 붕괴를 가져올 수도 있었다. 이러한 사태들은 코로나 팬데믹과 마찬가지로 우리가 얼마나 서로 긴밀하게 연결되어 있는지, 현재 우리가 의존하고 있는 사회시스템이 새로운 변화에 얼마나 취약한지를 잘 보여준다.

불확실성과 관련하여 최근 우리의 삶에 매우 큰 도전을 던지고 있는 것은 아마도 새로운 인공지능 기술일 것이다. 2022년 말에 생성형 인공지능 챗지피티ChatGPT가 처음 소개되었을 때의 충격을 잊을 수가 없다. 챗GPT는 이전의 모든 애플리케이션의 사용자 증가 기록을 갈아 치웠다. 불과 1주일 만에 사용자가 백만 명에 이르렀고, 두 달 만에 1억 명을 넘어섰다. 챗GPT는 인간 사용자와 대화를 통해 글을 쓰고, 그림을 그리고, 작곡을 하고, 동영상을 만들고, 코딩을 한다. 거기서 그치지 않고 전문적인 의료 진단, 경영 분석, 법률 자문까지 급속도로 활용 영역을 넓혀 가고 있다. 이미 예견한 것처럼 당장 기술, 마케팅, 소셜미디어 콘텐츠 분야에서 사람의 일자리를 대체하며 그 영향력이 피부에 와 닿을 만큼 크게 증가하고 있다. 처음에는 '재미있고 신기하다'는 반응이 대부분이었지만 이제는 '두렵다, 재앙이다'라는 반응까지 나오고 있다.

뇌 신경망에 해당하는 수백억 수천억 개의 연결점을 통해 정보를 종합하고, 전달하고, 피드백하는 과정에서 인공지능은 놀라운 기능들을 수행한다. 그런데 어떻게 그러한 결과가 나오는지는 아무도 정확히 알지 못하고 있다. 연결망이 커지면서 학습하지 않았던 언어를 갑자기 구사하게 되는 것처럼 원래 의도하거나 예견하지 않왔던 새로운 능력들이 나타나기도 한다. 이러한 현상이 어떻게 가능한지에 관해서도 아무도 설명하지 못하고 있다. 이러한 이유로 우리가 예견할 수 없고 통제할 수 없는 능력이 나타날 가능성에 많은 사람이 우려를 제기했다. 지난 5월에는 인공지능 개발에 규제의 필요성을 제기하는 서명운동이 일어났는데, 여기에 챗GPT를 만든 회사인 오픈에이아이OpenAI의 CEO를 비롯한 이 분야를 대표하는 많은 전문가가 참여하였다.

인류가 직면한 새로운 도전과 위험에 관해서는 이미 많은 사람이 이야기하였고, 이에 관한 정보도 차고 넘친다. 지금 정말로 필요한 것은 우리들 개개인이 이러한 도전과 위험에 어떤 역할과 책임을 맡으며 대응할 것인가이다. 왜냐하면 지금 이 시대를 살고 있는 모두가 이 위험의 직접적인 영향을 받고 있고, 누구도 이 위험의 책임에서 자유롭지 못하기 때문이다. 또한 모두의 자각과 실천 없이는 이 문제들을 해결할 수 없기 때문이다.

많은 사람이 이 문제들을 해결하고 상황을 변화시키는데 자신이 할 수 있는 일은 거의 없다고 생각한다. 그들은 신기술이나 국제 협약, 새로운 법률과 제도에 의존하려고 들지 모른다. 대기 중 이산화탄소를 줄이는 기술이라든가 탄소 배출량 제한을 위한 협약이라든가 인공지능 기술의 개발과 사용에 관한 규제 법안 마련 등이 해결책이라고 믿을지도 모른다.

과연 정말로 그럴까? 탄소 배출량 제한을 위한 파리협정은 이미 잘 다듬어진 문서로만 남은 지 오래다. 인공지능 기술에 관해서도, 모두 표면적으로는 신기술 개발에 규제가 필요하다고 이야기하면서도 실제로는 앞다퉈 개발 경쟁에 몰두하고 있다. 규제하려고 해도 현재 이 분야를 주도하고 있는 기업 간, 사활을 걸고 기술 패권 경쟁을 하는 국가 간에 그러한 표준을 만들 수 있는 신뢰의 기반도 없다.

물론 환경을 위한 새로운 기술이 도움이 될 수 있고, 신기술 개발에 관한 표준도 필요하겠지만 기술과 제도가 이 문제들의 근원적인 답은 아니다. 기후변화와 통제가 불확실한 신기술은 문제의 원인이라기보다는 문제의 결과이고, 그 결과가 드러난 부분적인 현상이기 때문이다.

문제의 원인은 빅데이터나 컴퓨터 알고리즘 속에 있는 것이 아니라 그보다 훨씬 가까운 곳에 있다.

우리가 원하는 것은 무엇인가?

근본적으로 이 문제는 우리가 무엇에 관심을 두고, 삶에서 무엇을 원하는가로 귀결된다. 겉으로 보이는 우리의 관심사가 무엇이든 상관없이 자신이 정말로 중요하다고 생각하는 것에 시간과 관심과 자원을 사용한다는 진실을 우리는 알고 있다. 이것은 인터넷의 맞춤 광고가 작동하는 방식이기도 하다. 내가 어떤 사람인지, 내가 무엇을 중요시하고 무엇에 관심을 기울이는지 가장 객관적이고 적나라하게 보여주는 것은 다름 아닌 내가 남긴 데이터이다. 내가 생각하는 나 자신보다 내가 인터넷상에 올린 사진과 글, 내가 구입한 상품들, 내가 클릭한 사진·영상·기사·광고가 내 관심과 성향을 더 정확히 보여준다. 그러한 데이터를 바탕으로 선별된 정보는 내게 더욱 효과적으로 작용한다.

만약 우리들 각자가 가진 모든 욕구를 마치 물리학에서 힘을 표시하는 것처럼 방향과 크기를 갖는 화살표로 표시하고 힘의 크기를 합산하면, 현재 우리 욕구의 총합이 가리키는 방향이 어디일까? 그곳이 평화롭고 지속 가능한 미래를 가리키고 있을까, 아니면 그 반대 방향일까?

최근 인공지능 관련 기술의 발전과 확산 과정을 보면 사람들 대부분이 지금 우리 주변에서 일어나는 변화의 물결 속에서 어디로 가는지도 모른 채 휩쓸려 움직이고 있다. 심지어 관련 기술에서 앞선 기업의 리더라 해도 단지 경쟁에서 이기기 위해 속도를 낼 뿐 이러한 변화가 어떤 결과를 가져올지 알지 못한다. 개인들은 그저 새로운 변화를 이해하고 그것에 적응하려 애쓸 뿐, 그런 변화는 시스템, 시장, 대세, 세상, 혹은 '그들'이라고 부르는 우리가 통제할 수 없는 어떤 힘이 작용하여 일어나는 것으로 생각할지도 모르겠다. 이렇게 생각하면 상황의 심각성을 덜고 일시적으로나마 마음이 가벼워질지는 모른다.

그러나 지금 이 시대를 살아가는 모두가 적극적인 수

용이나 저항으로, 소극적인 적응이나 암묵적 동의로 변화에 참여하고 있다. 변화의 결과에서 자유로울 사람은 아무도 없다. 부인할 수 없는 자명한 진실은, 현재 지구상에 일어나고 있는 모든 상황이 결국은 우리들의 관심과 욕구에 따른 선택과 행동의 총체라는 것이다.

사람들이 새로운 기기나 도구를 구입하는 가장 흔한 이유는 '편리'하기 때문이다. 사업가가 새로운 시스템이나 기술을 도입하는 이유는 '비용을 줄이고 이익을 늘리기' 위해서이다. 정치인이 캠페인을 벌이고 대중 앞에 나서서 자기 신념을 소리 높여 외치는 까닭은 '권력'을 얻기 위해서이다. 생활의 편리, 경제적 이익, 권력 이 세 가지는 새로운 기술이나 제도를 선택하고 받아들일 때 우리의 결정에 가장 크게 영향을 미치는 요소들이다. 내 삶이 좀 더 편리해지고, 경제적으로 더 큰 이익을 가져다주며, 정치·사회적으로 큰 영향력을 행사하는 데 도움이 되는 것이라면, 불법이나 범죄나 도덕적인 파렴치가 아닌 한 때로는 약간의 불법을 무릅쓰면서까지 추구한다.

무더운 여름 한낮에 플라스틱 일회용 컵에 플라스틱

빨대를 꽂아서 냉커피를 마시며 더위를 식히고 있는 사람에게 다가가 "당신은 지금 지구 환경을 파괴하고 있다"라고 말하면, 순순히 받아들일 사람이 거의 없을 것이다. 일회용 컵을 사용하면서 누리고자 한 것은 약간의 편리이지 지구를 파괴하려고 한 것은 분명 아니기 때문이다. 마찬가지로 시장경제 시스템 속에서 사업가가 이윤을 추구하는 것을 누가 나쁘다고 비난할 수 있겠는가? 정당제도와 선거가 보장된 대의민주제에서 정치가가 자신의 정치적 비전이나 야망을 실현하기 위해 권력을 얻고자 하는 것을 누가 문제 삼을 수 있겠는가?

여기서 우리는 자신에게 직설적이고 도전적인 질문을 던져보아야 한다. "지구를 위해서 필요하다면, 개인의 편리와 이윤과 권력을 양보하거나 포기할 마음이 있는가?" 우리는 이 질문에 정직하게 답해야 한다. 지구와 인류의 미래를 결정하는 것은 새로운 기술이나 제도가 아니라 이 질문에 대한 각자의 답이다.

그 답은 결국 각자가 추구하는 삶의 가치가 무엇인지와 연관된다. 우리가 삶에서 어떤 가치를 추구하는가에

따라 지구를 위한 양보는 깊은 만족을 가져다주는 자랑
스러운 선택이 될 수도 있고, 고통을 수반한 희생과 포기
가 될 수도 있기 때문이다. 만약 삶에서 누리는 편리와
경제적 이익과 권력 자체가 우리가 추구하는 목표라면,
질문에 흔쾌히 그렇다고 답하기 어려울 것이다. 하지만
우리가 물질적인 만족 이상의 성장과 자유로움을 얻고자
한다면 선택은 달라질 것이다. 그런 의미에서 이 질문에
대한 답은 개인으로서 각자의 의식 크기와 진실성, 전체
로서 인류 문명의 성숙도를 보여주는 지표가 될 수 있다.

지성의 한계

현재까지 지성은 인류를 다른 종과 구분 짓는 가장 중요
한 특징이었다. 이러한 특징을 부각해 인류는 스스로를
지혜로운 인간, '호모 사피엔스'로 불러왔다. 지성은 먹잇
감을 사냥하는 가장 기본적인 생존 기술에서부터 예술과
같은 창조적인 활동에 이르기까지 우리의 모든 행위 속

에 개입해 있다. 그중에서도 우리에게 가장 유용하고, 우리가 가장 중요하게 여기는 지성의 가치와 기능은 문제 해결 능력이다. 이 능력을 사용해서 인류는 지금껏 수많은 문제를 해결하면서 현재와 같은 고도의 과학기술 문명을 이룩하였고, 지금 이 순간에도 우리는 그 혜택을 누리며 살고 있다.

하지만 지성의 부작용 또한 분명히 존재한다. 이 지적인 능력은 현재 인류 사회가 안고 있는 모든 문제, 우리가 지구 환경과 다른 생명체들에게 야기한 모든 문제의 원인이기도 하기 때문이다. 인류가 현재 우리가 알고 있는 진화의 경로를 밟지 않고 다른 영장류들과 같은 경로를 밟아왔다면, 인간의 활동으로 지금과 같은 지구 환경의 변화는 없었을 것이다. 만약 다른 생물종에 비해 인류가 가진 월등한 능력이 스스로를 파괴하는 결과를 가져온다면, 과연 그것을 지성이라고 할 수 있을까? 그것이 호모 사피엔스가 밟을 진화의 경로이고 종착지라면, 지성을 인류의 우월성이라 할 수 있을까? 최종적인 판단은 아직 나오지 않았다.

현재 우리가 사용하는 지성의 특징이자 가장 큰 한계는 분리적이고 자기중심적이라는 것이다. 그러한 의미에서 지성의 한계는 곧 에고의 한계이기도 하다. 지금의 지성은 기본적으로 자신에게 직접적인 이익을 가져다주는 행동을 선택하는 능력이다. 과학자들이 다른 동물의 지능을 측정하는 실험을 할 때도 같은 척도를 사용한다. 지성을 자기중심적으로 사용하는 과정에서 자신의 단기적인 이익을 위해 다른 사람들에게 직접적으로 불이익과 고통을 주거나 다른 사람들의 불이익과 고통에 눈감기도 하고, 생명 활동의 근본이 되는 자연환경을 파괴하는 행동을 선택하기도 한다. 우리는 그러한 행동을 매우 자주, 효과적으로 한다. 그 결과가 다른 개인과 집단에 대한 적대와 공격, 사회적 불공정과 차별, 환경오염과 생태계 파괴로 나타나고 있다.

　물론 이것은 지성 자체의 한계라기보다는 현재 우리의 인식과 가치 체계의 한계일 것이다. 스스로를 분리된 개체로 자신과 다른 사람, 자신이 소속된 집단과 타 집단의 관계를 대립과 경쟁으로 보는 인식의 틀은 인류 역사

만큼이나 오래되었다. 붓다, 예수, 크리슈나 같은 인류의 영적 스승으로부터 사랑과 자비의 메시지를 전하는 귀한 가르침들이 사막의 샘물처럼 간혹 터져 나오기도 했다. 그러나 그 메시지들조차 사람들의 인식과 삶을 조화로운 쪽으로 바꾸기보다는 오히려 더 큰 갈등과 대립의 원인을 제공하기도 했다.

수많은 영적인 가르침과 지혜의 메시지, 우주 공간에서 바라본 아무 경계도 분리도 없이 푸르고 아름다우면서도 작고 창백한 단 하나의 세계로서 지구 이미지, 현대 물리학이 보여준 모든 것이 상호 연관되고 서로에게 영향을 주는 미시 세계의 모습 등 그 어떤 것도 아직 자기중심적인 인식의 틀을 바꾸지 못하고 있다. 인류의 지성이 이러한 분리적인 인식과 자기 이익을 중심에 둔 가치 체계 안에서 기능하는 한, 모든 질문이 그 틀 안에서 제기되고 그 틀 안에서 답을 찾는 한, 현재와 같은 상황 이외에 다른 결과를 기대하기는 어려울 것이다. 우리가 진정으로 현재와는 다른 상황을 원한다면 현 상황을 창조한 인식의 틀 자체를 바꾸어야 한다.

하지만 이러한 인식의 틀을 바꾸기가 쉽지는 않다. 분리된 개체, 경쟁적이고 대립적인 관계라는 인식이 환상이나 착각이 아니기 때문이다. 그러한 상황은 우리의 일상생활과 자연 속에서 지금도 매일 일어나고 있고, 우리가 매일 경험하고 목격하는 현실이기 때문이다. 기나긴 진화의 역사 속에서 인류는 다른 집단이나 다른 종과 경쟁하고, 통제할 수 없고 예측할 수 없는 환경의 변화를 극복하고 적응하면서 지금까지 생존해왔다. 따라서 분리된 개체라는 인식과 자기중심적인 사고와 행동은 개인적인 특성이나 한계가 아니라 인류 역사만큼이나 오래된 집단의 특성이다.

개인의 삶의 범위를 훨씬 벗어나는 길고도 지난한 진화의 역사 속에서 우리에게 각인된 이러한 인식은 아침에 눈 뜨면서부터 마주하는 현실에서 매일 재확인되고 강화된다. 어깨를 밀치며 몸을 끼워 넣어야 하는 만원 지하철에서, 틈만 보이면 비집고 들어오는 차량으로 가득한 출퇴근길에서, 좋은 직업을 보장하는 대학 진학을 위해 초등학생 때부터 경쟁하는 교육 환경에서, 높은 청년

실업률과 취업 경쟁 속에서 어떻게 통합적이고 조화로운 인식이 가능하겠는가? 이것이 현재 우리가 가진 지성의 한계이고, 우리에게 주어진 도전 과제이다.

지식의 한계

자기중심적이고 도구적인 지성이 한계를 드러내는 것과 함께 지성이 다루는 지식의 의미와 역할도 많이 달라지고 있다. 인공지능의 발달로 이제 지식은 누구나 쉽게 얻을 수 있게 되었다. 예전에는 '아는 것이 힘이다'라는 말을 금언으로 여겼지만, 이제는 더 이상 예전처럼 유효하지 않다. 세상의 모든 지식이 물과 공기처럼 우리의 손끝에 와 닿아 있는 시대가 열렸기 때문이다. 인공지능의 보급으로 이미 지식에 기반한 많은 직업이 영향을 받고 있다. 전문직을 포함해서 머지않은 장래에 이들 중 많은 직종이 인공지능으로 대체될 것으로 예견된다.

이처럼 지식이 언제 어디서든 접근할 수 있고 사용할

수 있게 되면서 더 중요해지는 것은 지식의 내용인 답이 아니라 내가 원하는 지식을 가져다줄 질문이다. 뇌에 답을 저장하는 암기 능력이 아니라 좋은 질문을 던질 수 있는 능력이 훨씬 더 중요해진다. 좋은 질문을 던지면 좋은 답을 얻을 수 있다. 답은 인공지능이 찾아줄 수 있지만 질문은 사람이 한다.

좋은 질문을 하려면 무엇이 필요할까? 첫 번째는 '자신의 무지를 인정하고 자각하는 것'이다. 좋은 질문을 하려면 내가 무엇을 모르는지 알아야 한다. 내가 무엇을 모르는지 알려면 우선 내가 모른다는 사실을 자각하고 인정해야 한다. 일찍이 고대 그리스의 철학자 소크라테스가 "너 자신을 알라"라는 말로 가르침을 준 것처럼 무지를 자각하는 것이 배움과 지혜의 시작이다. 내가 이미 알고 있다는 생각, 알고 있어야만 한다는 집착에 사로잡혀 있으면 자신의 무지를 받아들이지 못하고 질문할 마음의 공간을 만들어내지 못한다.

이 우주가 백사장이라면 그 가운데 모래 한 알보다 더 작은 존재인 지구에 관해서조차 우리는 아는 것보다 모르는 게 훨씬 더 많다. 지표면 중 대륙은 극지방까지 인간의 발자국이 닿지 않은 곳이 거의 없다. 하지만 지표면의 71%에 해당하는 대양은 아직 대부분이 미지의 세계로 남아 있다. 세계에서 가장 깊은 해저인 마리아나 해구海溝의 챌린저 해연海淵(해구 가운데 특히 깊이 들어간 부분)에 가본 사람의 숫자는 달에 가본 사람의 숫자보다 적다.

우리가 설명할 수 있는 우주의 물질과 에너지는 전체 우주의 5%도 되지 않는다. 95%가 암흑물질과 암흑에너지라 부르는 미지의 물질이고, 미지의 에너지이다. 실제로 우리가 아무리 다양한 지식을 갖고 있다고 해도 모든 것을 알 수는 없다. 그래야 할 필요도 없다. 무지를 자각하고 인정하는 것은 무능이나 불명예가 아니라 지혜와 성숙의 표시이다.

좋은 질문을 던지기 위한 두 번째 조건은 '새로운 답에 열린 태도와 호기심을 갖는 것'이다. 질문을 하고 답을 얻어도 기존의 틀에 갇혀서 새로운 가능성과 변화에 열린 태도를 갖지 않는다면, 그 답은 아무런 도움이 되지 못할 것이다. 우리 내면에 자리한 모든 가정과 편견이 이러한 장애들이다. 이들 중 어떤 것은 우리에게 너무 익숙해서 인지조차 못 하는 경우도 많다. 익숙한 가정과 편견들을 사실이나 진리로 여기고, 많은 경우 자신과 동일시하거나 자신의 일부라고 생각하기 때문에 새로운 답을 받아들이는 것을 어려워한다.

이러한 예를 보여주는 역사적으로 가장 유명한 사건은 '코페르니쿠스적 전환'이라 부르는 천동설에서 지동설로의 변화일 것이다. 코페르니쿠스가 지동설 모델을 설명한 책이 처음 출판된 것은 1543년이다. 교회가 이 책을 금서목록에서 해제한 것은 1757년이고, 지동설을 지지하는 책의 출판을 허용한 것은 1822년에 이르러서이다. 부정할 수 없는 사실적 근거들이 충분했지만 논쟁과 박해로 점철된 수백 년의 시간을 보내고서야 지구가 우주의 중심이라는 관념과 편견에서 벗어날 수 있었다.

더 가까운 예는 기후변화를 긴급한 지구적 문제로 인정하고 인식하게 된 과정이다. 수십 년간 과학적 증거를 축적하며 수많은 기상학자가 오래전부터 경고했지만, 우리가 이것을 널리 인정하기까지 상당한 시간이 걸렸다.

개인들의 편견과 선입견, 정치 경제적 이해관계가 장애로 작용했기 때문이다.

모르는 것을 궁금히 여기고 알고자 하는 호기심이 있기에 우리는 '왜?'라는 질문을 던진다. 인류 지성의 상징으로 여기는 아인슈타인조차도 "나는 특별한 재능이 없다. 다만 열렬한 호기심이 있을 뿐이다"라고 말하기도 했다. 그러나 순수한 호기심만으로는 위험과 고통과 불편을 무릅쓸 만한 동기를 갖기가 어렵다.

장애와 난관에 굴하지 않고 끈질기게 질문을 하고 답을 찾아가기 위해서는 궁금증만으로는 충분하지 않을 것이다. 특히 질문이 자신이 처한 구체적인 현실에 관한 것일 때는 더욱 그러하다. 자기 현실에 관해 질문을 던지는 이유는 단순히 더 알기 위해서가 아니다. 지금의 현실에 만족하지 않고 지금보다 더 나은 새로운 가능성을 추구하기 때문이다.

그래서 좋은 질문을 던지기 위한 세 번째 조건은 '더 나은 가능성에 희망을 품는 것'이다. 자포자기한 마음에서는 질문이 일어나지 않는다. 절실한 질문은 꿈과 희망이 있을 때 하게 된다. 지구에서 현재 인류가 처한 상황도 마찬가지이다. 지금의 상태가 우리의 최선이 아니라고 생각하기에, 지금 예견하는 결과보다 훨씬 더 나은 상태로 만들 수 있다고 믿고 그것을 희망하기에 질문을 던지는 것이다.

무지를 인정하는 겸손함, 새로운 가능성에 대한 열린 마음가짐과 호기심, 미래에 대한 희망은 우리에게 좋은 질문을 던지게 한다. 사실 이러한 특성은 지금까지 우리가 지성이라고 표현해온 특성들(예를 들면, 정보를 이해하고 분석하고 저장하는 능력)과는 매우 다른, 심지어 그와는 반대인 것처럼 보이기도 한다. 이러한 마음이 지성의 한계를 넘어 우리를 지혜에 이르게 하고, 우리가 처한 문제들에 새로운 답을 준다.

지혜, 새로운 차원의 지성

지혜는 자기중심적이고 이분법적인 지성의 한계 너머에

존재한다. 표면적으로 분리되어 보이는 것들 사이의 연결성을 볼 수 있는 것이 지혜의 핵심이다. 그것은 떨어져 있는 사물 간의 연결일 수도 있고, 시간상으로 떨어진 사건들 사이의 연결일 수도 있다. 표면적으로 분리되어 보이는 것들 사이의 깊은 연관성을 보는 것을 우리는 '통찰'이라 부른다. 지혜가 그것을 가능하게 하는 마음의 능력이라면, 통찰은 그 능력이 우리에게 가져다주는 선물 같은 것이다.

지혜는 인간의 마음이 가진 특성으로 누구에게나 있다. 지혜가 발현되는 것은 얼마나 똑똑하고 능력이 있는가와 별 상관이 없다. 아무리 똑똑해도 자신만의 이익을 추구하는 지성으로 얻을 수 있는 답과 행동으로는 지금 세계에 필요한 변화를 만들어내지 못한다. 오히려 문제를 더 악화시킬 뿐이다. "나뿐만 아니라 어떻게 하면 다른 사람들에게도 도움이 될까?" "어떻게 해야 전체를 이롭게 할까?" 이런 질문을 던질 때 지금까지와는 전혀 다른 가능성을 볼 수 있고, 뇌의 다른 능력들을 사용할 수 있다. 여기에서 지혜가 발휘되고 새로운 통찰이 나온다.

지혜는 생각하고 판단하는 기본적인 지적인 능력과 자기 성찰, 양심, 공감 능력 같은 인간의 마음이 가진 고귀한 특성들이 함께 만들어내는 능력이다. 누구의 마음속에나 있는 능력이지만 지금까지는 많은 사람이 자기중심적인 지성의 압도적인 영향력 때문에 지혜를 발휘할 기회를 얻지 못했다. 현재 우리가 처한 상황은 모두의 마음에서 지혜의 빛을 발현할 것을 절실하게 요구한다.

자기중심적인 지성의 한계를 인식하고 전체의 이익을 고려하는 큰 안목으로 질문을 던지고 답을 구하는 것은 제도나 시스템의 변화가 아니라 한 사람 한 사람의 내면에서 일어나는 매우 개인적인 변화이다. 현재 우리에게 필요한 변화는 전 지구적이면서 동시에 매우 개인적이다. 한 사람 한 사람의 내면에서 깊고 근본적인 변화가 일어나야 한다. 이러한 변화가 지구적인 규모로 일어나야 한다.

지금이라는 특별한 시간

2023년 3월 기후변화에 관한 정부 간 협의체(IPCC: Inter-governmental Panel on Climate Change)의 최종 보고서가 발표되었다. IPCC는 이전까지 다섯 번의 보고서를 발표했고, 이번에 발표한 6차 보고서는 지금까지 발표한 모든 보고서의 종합판이다. 기후변화에 관한 그동안의 모든 논의와 연구 결과를 정리한 전문적이고 통합된 의견서이다. 이 보고서에서 인간의 활동이 현재의 기후변화에 책임이 있음을 공식적으로 천명하였다. 여전히 이에 이견을 가진 사람들이 있긴 하지만 이 보고서가 발표되기 전 모든 국가 정부의 검토와 동의를 거쳤기에 인간의 활동이 기후변화의 중요한 원인이라는 것은 이제 인류가 도달한 공식 입장이 되었다.

이 보고서는 현재까지 이미 알려진 사실들을 종합하고 공식화한 것으로 새로운 정보가 거의 없다. 예를 들면, 지금 바로 우리가 화석연료 사용을 획기적으로 줄인다 해도 대기 온도와 해수면 온도는 여전히 올라갈 것이다. 여기에 여러 부수적인 결과들이 겹치면서 기후 패턴의 변화는 더 가속할 것이다. 다만 온도의 상승 폭은 우리가 어떻게 행동하느냐에 따라 달라질 수 있다.

지금의 추세대로라면 2030년에서 2050년 사이 펼쳐질 기후변화의 시나리오는 대체로 1.5도, 2도, 혹은 그 이상 상승하는 세 방향으로 나뉜다. 최악의 파국적인 결과를 피하려면 온도 상승을 희망 수준인 1.5도 정도로 방어하고, 2030년까지 이산화탄소 배출량을 절반으로 줄이며, 2050년까지는 지구 대기에 추가되는 이산화탄소 순증가량을 0으로 만들어야 한다. 기후 전문가들에 따르면, '탄소제로' 또는 '넷제로Net Zero'라고 하는 이 목표는 매우 어렵지만 불가능한 것은 아니다.

이 보고서는 우리가 통제할 수 있는 화석연료 사용 외에 기온 상승을 일으키는 다른 요인들에 관해서도 많은 분량을 할애해 설명하고 있다. 기온 상승으로 영구 동토층이 녹으면서 동토층 아래 저장된 메탄이 대규모로 방출될 것이다. 태양빛을 반사해서 우주로 되돌려 보내던 극지방의 만년빙 면적이 줄어들어 태양빛이 지구 대기에 더 많이 흡수될 것이다. 또한 고온 건조한 기후가 지속되어 발생한 산불로 삼림이 보유하고 있는 이산화탄소가 방출되면서 대기 온도 상승이 더 가속화할 것이다. 대기 중으로 방출되는 이산화탄소의 상당 부분을 흡수하는 바다와 대지의 이산화탄소 저장 능력이 한계에 달하면서 대기 중 온실가스 농도가 급격하게 올라가서 기온 상승을 더 부추길 것이다. 해수의 산성화로 바다 생태계가 파괴되면서 식물성플랑크톤에 기반한 해양의 이산화탄소 흡수 능력이 심각하게 손상되어 대기의 이산화탄소가 더욱 증가하는 악순환이 일어날 것이다.

그런데 이러한 변화는 단지 예측이 아니라 이미 대규모로 일어나고 있다. 우리가 어떤 행동을 취한다고 해도 속도를 늦출 뿐, 돌이킬 수는 없다. 그래서 보고서는 이러한 변화에 대응하는 우리의 행동 방침을 '예방'이나 '복구'라고 표현하지 않고 '완화'라고 표현하였다. 완화의 방법으로 탄소 포집 기술, 대체 에너지 사용, 삼림 회복, 탄소세 도입 등을 제안하고 있다. 하지만 이 모든 조치를 다 동원해도 우리의 행동이 이러한 변화를 막거나 되돌리지는 못한다. 단지 변화의 충격을 완화할 뿐이다.

그렇기 때문에 이 보고서가 강조하고 있는 또 다른 행동 방침은 '적응'이다. 변화는 피할 수 없으므로 수용하고 대응할 준비를 해야 한다는 것이다. 예를 들면, 극심한 기후변화에 견딜 수 있는 대체 작물을 개발하고, 새로운 거주지와 생활환경을 조성하고, 홍수를 비롯한 기후 재난 발생 시 응급 구호와 대응 체제를 준비하는 것이 이에 해당한다. 이 보고서는 기후변화의 충격을 완화하고 그 변화에 적응하기 위해서는 모든 국가, 모든 사람의 즉각적이고 적극적인 참여와 협의가 필요하다고 강조하며 끝을 맺는다.

다행인 것은 완화와 적응 모두 기술적으로는 전혀 문제가 되지 않는다. 이미 인류는 이 보고서가 제시한 모든 완화와 적응 방법들을 실행할 지식과 기술을 가지고 있다. 우리에게 주어진 가장 큰 문제는 기술적인 방법이 아니라 어떻게 세계 전역에서 전 국가의 모든 사람이 즉각적이고 적극적으로 변화를 위해 행동하게 하는가이다. 우리가 이 위기를 극복하지 못한다면 그것은 원인이나 해결 방법을 모르거나 방법을 실행할 자원이 없어서가 아니다. 단지 다 함께 뜻을 모아 선택하지 않았기 때문이다. 그렇기에 더 비통하고 안타까울 것이다.

우리에게 얼마의 시간이 있는지 아무도 정확히 알지 못한다. 분명한 것은 기후변화를 비롯하여 우리가 우려하는 변화의 속도가 점점 빨라지고 있다는 사실이다. 엄청난 문제의 크기에 비해 우리에게 주어진 시간은 점점 짧아지고 있다. 그런 만큼 우리는 근본적이면서도 신속한 변화를 만들어내야 한다. 규모에 있어서는 전 지구적이면서 동시에 한 사람 한 사람의 의식과 행동이 바뀌는 아주 개인적인 변화가 필요하다.

인류 역사의 어느 때에도 인류의 집단적인 선택이 지구와 인류의 미래 방향을 완전히 바꿀 수 있는 지금과 같은 위치에 있었던 적이 없다. 앞에서도 언급했듯, 지금 이 시대를 살고 있는 사람들은 생애 내에 우리의 선택에 따라 지구의 상태와 인류의 삶이 완전히 달라지는 것을 목격하는 첫 세대이자 마지막 세대가 될 것이다. 이러한 상황이 우리가 살고 있는 이 시간을 지구 역사상 아주 특별한 시간으로 만들고, 지금 이 시대를 살고 있는 우리 모두를 아주 특별한 세대로 만든다.

우리가 좋은 선택을 하고 그 과정에서 인류의 의식이 크게 변화한다면, 다음 세대는 이러한 걱정을 할 필요가 없을 것이다. 만일 그렇지 못해 우리의 문명이 더 이상 지속하지 못할 상태에 도달한다면, 이러한 고민을 해야 할 다음 세대 자체가 무의미해질 것이다.

우리에게 필요한 변화

모든 포유류는 약 1억 년 전 같은 종에서 진화해온 것으로 알려져 있다. 그런데 1억 년이라는 긴 기간에 일어난 유전자의 변화는 10%가 채 되지 않는다. 인간은 개나 고양이, 소, 코끼리 같은 다른 포유류와 90% 이상 유전자가 일치한다. 특히 인간과 가까운 침팬지 같은 영장류의 경우 98~99%가 같다. 인류 내에서 그 동일성은 99.9%에 달한다. 많은 사람이 인종을 두드러진 유전적 특징이라고 여기지만, 사실 유전 정보에 있어서는 같은 인종 내에서의 개인차가 인종 간의 차이보다 훨씬 크다. 길에서 만나는 누구를 골라 비교해도, 심지어 전혀 다른 인종과 문화권의 누구와 비교해도 유전적 차이는 0.01%에 지나지 않는다.

과거로 거슬러 올라가 비교해도 결과는 비슷하다. 현생 인류가 지구상에 출현한 지는 30만 년 정도 된 것으로 추정하지만, 그 당시 인류의 조상이나 현재의 우리나 생물학적으로는 크게 달라진 것이 없다. 특히 도구와 기술을 사용하면서 생존과 번식의 기회를 더 많이 확보하기 위해 몸의 형태나 기능을 바꿀 필요성이 줄어들었기 때문에 더욱 그러하다.

이 기간에 인간에게 일어난 변화는 신체의 모양이나 기능이 아니라 의식과 생각과 행동이다. 인류의 조상과 현재의 우리가 신체 모양은 비슷할지 모르나 뇌 속에서 일어나는 일은 전혀 다를 것이다. 그리 오래되지 않은 근대사에서도 인류의 사고와 행동이 획기적으로 변화한 사례들을 확인할 수 있다.

예를 들면, 천동설의 붕괴로 시작된 16, 17세기의 과학혁명은 우주와 자연을 새롭게 이해하는 계기가 되었을 뿐만 아니라 사회 전반에 큰 영향을 미쳤다. 종교개혁은 사람들이 교회의 권위에서 벗어나 종교를 더 개인적으로 경험할 수 있게 하고, 종교적 자유를 넓혀주었다. 시민혁명으로 시민들의 권리와 자유가 중시되었고, 시민들의 정치 참여로 사회 변화를 이끌어낼 힘을 갖게 되었다.

이런 변화들은 신, 우주, 지구, 인간, 그리고 인간들 간의 관계에 관한 우리의 이해와 사고와 행동을 완전히 바꾸어버렸다. 인간의 의식에서 시작된 내적인 변화가 몇십만 년, 몇백만 년에 걸친 점진적인 진화보다 더 크게, 어쩌면 같은 종이라고 하기 어려울 정도로 우리의 삶을 바꾸고 지구의 환경을 바꾸어버렸다.

현재 우리에게 필요한 변화는 이와 같은 의식의 변화, 사고의 변화, 행동 방식의 변화이다. 그리고 그 변화의 깊이와 폭은 지금까지 일어났던 그 어떤 변화와도 달라야 한다. '나는 누구이고, 어떤 가치를 추구하는가'에서 '인류의 존재 의미가 무엇이고, 지구상에 어떤 세계를 실현하기를 원하는가'까지를 아우르는 근원적이면서 지구적인 변화가 필요하다. 오랜 세월에 걸쳐 진행되는 점진적인 적응과 진화가 아니라 단시간에 발생하는 돌연변이와 같은 변화가 일어나야 한다.

기술의 발전과 다양성을 대하는 포용적인 태도는 이러한 변화가 일어날 수 있는 좋은 조건을 제공한다. 과거와 달리 지금은 하나의 트렌드가 변화를 주도하기보다는 다양한 사고방식과 생활방식이 동시에 나타났다 사라진다. 디지털 기술의 발달로 연결과 소통을 위한 시간과 공간의 제약이 줄어들면서, 비슷한 트렌드와 스타일이 지리적으로 인접하지 않은 곳에서 동시에 나타난다.

이렇게 사람들을 묶어주는 요소에는 패션이나 예술과 같은 심미적 취향, 진보냐 보수냐 같은 정치적 성향, 주로 사용하는 통신기기나 플랫폼 등 여러 가지가 있을 수 있다. X세대나 MZ세대처럼 테크놀로지와 연관된 사고방식과 라이프스타일의 특성이 세대를 구분하는 중요한 요소가 되기도 한다. 이것은 많은 사람이 관심 갖는 의제가 있을 때 사회적인 네트워크와 첨단기술을 활용함으로써 특정한 사고방식과 행동 양식을 가진 집단이 얼마나 빨리, 얼마나 큰 규모로 만들어질 수 있는지를 보여준다. 지구라는 공통의 가치가 위협받는 위기 상황은 이러한 집단적인 변화가 일어날 수 있는 강력한 이유와 동기를 제공한다.

생물학적인 변화는 시간이 오래 걸리지만 생각과 의식의 변화는 순간적으로도 일어날 수 있다. 단 한 번의 자각이나 선택으로 삶의 경로를 완전히 바꾸거나 몸과 마음의 질병과 고통이 기적적으로 치유된 사례는 무수히 많다. 문제는 절박함과 의지이다. 우리가 절실하게 변화의 필요성을 느끼고 선택한다면 생각과 의식의 변화는 단시간에 일어날 수 있다. 새로운 사고와 새로운 행동은 개인의 삶을 바꾸고, 그러한 개인이 많아지면 우리의 문명을 바꿀 수 있다.

이러한 변화가 많은 사람의 의식적인 선택으로 동시에 일어난다면, 그것은 개인적인 변화를 넘어 새로운 부족의 탄생, 더 나아가 새로운 인종의 탄생이라고 할 수 있다. 새로운 의식으로 사고하고 행동하는 새로운 인류의 탄생이다. 현재 지구의 문제는 그러한 정도의 변화가 필요하다. 지구를 중심으로 모든 생명체의 연결성을 느끼고, 자신만의 이익이 아니라 공생을 목표로 생각하고 선택하고 행동하는 공생하는 인간, 호모 코이그지스턴스 Homo Coexistence의 출현이 절실하다.

현재 지구는 이러한 새로운 의식을 가진 인류의 출현을 위해 힘든 산통을 겪고 있는 것처럼 보인다. 기존의 가치들이 의심받고 기존의 제도들이 신뢰와 권위를 잃어가고 있지만, 이를 대체할 새로운 대안들은 아직 명확하지 않다. 정보를 가공하고 유통하는 것이 쉬워지면서 개인이 갖는 영향력이 커지는 한편, 편향되거나 왜곡된 정보, 거짓 정보들이 넘쳐나면서 무엇이 참이고 거짓인지 구분하기가 점점 어려워지고 있다.

이러한 정보와 의식과 정신의 혼돈 속에서 길을 찾도록 도와줄 믿을 만한 안내자는 우리 가슴과 뇌 속에 있다. 자신을 돌아보고 성찰하는 능력, 타인과 다른 생명체의 느낌에 반응하는 공감 능력, 자기 자신만이 아니라 전체를 유익하게 하고자 하는 밝은 마음인 양심이 바로 그

안내자들이다. 어떤 특정한 생각이나 정보의 조각이 아니라, 바로 이러한 인간 내면의 타고난 능력이 시대와 세대를 가로질러 수많은 도전과 혼란 속에서 우리에게 나침반이 되어준 지혜의 원천이다. 우리가 내면의 안내를 받아 현실을 바라보면, 가치들이 흔들리고 가치의 우선순위가 바뀌는 상황 속에서도 아니 오히려 그러한 상황이기 때문에 비로소 드러나는 진정한 가치를 명확히 볼 수 있다. 열린 마음, 깨어 있는 의식의 눈에는 그 가치의 중심이 지구라는 것이 명확하게 보인다.

신인류는 새로운 지식이나 기술에서 태어나지 않는다. 신인류 탄생을 위한 동력은 양심과 공감 능력, 지구를 중심 가치로 인식하고 받아들이는 의식이다. 이것으로부터 다른 모든 변화가 따라온다. 선택이 달라지고, 말과 행동이 달라진다. 그 변화는 개인을 넘어 크고 작은 공동체로 확산해 결국에는 세계를 변화시키고, 지구를 환경 재앙으로부터 구하고, 평화롭고 지속 가능한 세계를 실현하는 데까지 나아갈 수 있다. 신인류는 이 변화를 이끌 주인공들이다.

2장
___

더 나은 스토리

새로운 의식과 사고로 새로운 행동을 하는 신인류의 탄생을 위해 무엇부터 시작해야 할까? 공생하는 지구를 위한 개인적인 변화를 전 지구적인 규모로 일으키려면 어디서부터 시작해야 할까? 나는 가장 먼저 우리 스스로에게 들려줄 새로운 스토리가 필요하다고 생각한다. 지금 지구가 위기에 처해 있고 시급한 변화가 필요하다는 것은 대부분이 이미 알고 있다. 문제는 이러한 앎이 우리의 마음을 움직이고 몸을 움직여 구체적인 행동으로 이어지게 하는 것이다.

그 첫걸음은 우리 가슴을 뛰게 하는 스토리를 함께 만

드는 것이다. 단기적인 편리함, 이익, 권력 대신 지속 가능한 지구와 모든 생명의 안녕을 선택하는 데 영감을 주는 스토리를 함께 만드는 것이다. 그리고 그 이야기를 우리 스스로에게 끊임없이 들려주는 것이다. 신인류 선언과 이 책도 그러한 스토리를 함께 만들고 공유하기 위한 시도이다.

인간을 다른 동물과 구분 짓는 특징 중 하나는 의미를 추구한다는 것이다. 의미는 삶의 가치와 방향을 제시하며, 개인의 삶뿐만 아니라 공동체의 삶에서도 중요한 역할을 한다. 삶에 의미를 부여하기 위해 우리가 가장 많이 활용하는 것이 바로 '스토리'이다. 스토리가 없는 사람은 없다. 우리는 자기 경험을 스토리로 만들어내고 다른 이들과 공유함으로써 의미를 찾으려는 본성을 가지고 있다. 본인이 인지하든 그렇지 않든 인간은 타고난 이야기꾼들이다.

자녀를 키우거나 어린아이를 돌본 경험이 있는 사람들은 잘 알 것이다. 아이들이 얼마나 뛰어난 이야기꾼이고 이야기를 지어내는 것을 얼마나 즐기는지. 처음 스토리텔링을 시작할 때 아이들은 자신이 지어낸 이야기와 실제를 구분하지 않는다. 자신의 스토리를 실제라고 믿으며 웃기도 하고 울기도 한다. 점점 나이가 들면서 실제와 스토리를 구분하게 되고 스토리도 더 정교해지지만, 기본적으로 우리가 의미를 추구하며 스토리를 만들고 그 스토리에서 많은 영향을 받는 것은 크게 달라지지 않는다.

우리 마음속에서 늘 일어나고 있는 일이기에 스토리는 어찌 보면 공허한 상상이나 유치한 유희처럼 보일지 모른다. 하지만 스토리는 단순한 상상이나 허구 이상의 것이다. 스토리는 우리의 실제 경험과 가치관을 반영하며, 자기 역할과 의미를 이해하는 데 도움을 주는 강력한 도구이다. 우리는 스토리를 통해 감정을 공유하고, 생각을 전달하며, 다른 사람들과 사회적으로 연결된다. 스토리텔링이 얼마나 인간의 본성에 깊이 뿌리내리고 있고 우리에게 얼마나 큰 영향을 미치는지 알려지면서 정치 캠페인, 마케팅, 교육, 조직 운영, 컨설팅 등에 폭넓게 활용되고 있다.

우리가 경험이라고 부르는 것은 단순히 실제 일어난

일들의 기록이 아니다. 일어난 일을 우리가 어떻게 인식하고, 이해하고, 의미를 부여하였는가, 내가 어떻게 반응하였는가에 따라 달라진다. 내가 어떤 사람인지 더 정확하게 말해주는 것은 내 삶에 무슨 일들이 일어났는가가 아니라, 그것을 내가 어떠한 스토리로 기억하는가이다. 그러한 의미에서 나라는 사람은 나의 스토리이다. 내가 이야기하는 나의 스토리이다. 그 스토리가 삶을 증오하고 부정하거나 자신의 가능성에 한계를 부여하기도 한다. 그런가 하면 삶에 긍정적인 의미를 부여하고, 새로운 가능성을 열어주고, 원대한 비전을 갖게도 한다.

인류가 이어온 스토리

이러한 스토리 중에는 개인 차원을 넘어서 한 부족이나 種으로서 우리가 무엇을 원하고, 무엇을 두려워하며, 우리의 존재 의미가 무엇이라고 생각하는지를 보여주는 스토리들이 있다. 이러한 스토리 속에는 지리적인 위치나 환경, 문화적 전통이 다를지라도 서로 닮은 이야기의 흐름과 구조가 발견된다. '원형原型'이라고 불리는 이러한 스토리는 심리학이나 인류학에서 많이 활용한다. 이러한 스토리들은 우리의 삶, 문화, 문명의 핵심 요소로서 우리가 세상을 어떻게 이해하고 세상과 어떤 식으로 연결 짓는지를 보여준다. 고대의 신화에서 현대의 소설이나 영화에 이르기까지 다양한 버전으로 변화하면서 우리에게 영감을 주고, 새로운 시각을 갖게 하고, 우리의 의식과 행동을 변화시킨다.

인류는 지금 어떤 스토리를 가지고 있는가? 인류는 승리와 좌절과 비극의 스토리로 가득한 복잡한 역사를 가지고 있다. 이 역사를 채우고 있는 스토리들은 대부분 경쟁과 대립과 지배에 관한 것들로 이는 정치·경제 제도와 현실을 통해 재확인되고, 미디어와 대중문화를 통해 더 강화된다. 그러지 않은 소소한 행복에 관한 이야기는 개인의 생애와 더불어 사라질 뿐 중요한 스토리가 되어 후세로 전해지지 않는다.

시대가 변화하며 우리의 스토리도 바뀌고 있지만, 경

쟁·대립·정복·지배의 스토리는 지금도 계속되고 있다. 지금 이대로라면 이 스토리의 끝은 모두가 사라지는 공멸이 될 가능성이 커 보인다. 그렇게 된다면 인류의 스토리는 지구 역사상 가장 위대한 가능성을 가진 생명체의 완전한 실패담이 될 것이다. 그 이야기를 들어주고, 그 이야기에서 교훈과 통찰을 얻을 다른 누군가가 없으므로 지구의 망각 속으로 사라질 스토리가 될 것이다.

지금 우리가 들려주는 스토리, 우리가 믿고 의지해온 스토리가 우리의 생각과 행동을 제한하고, 삶을 고통스럽게 만들고, 우리가 사는 세계를 파괴하는 결과를 가져온다면 어떻게 해야 할까? 우리에게는 기존의 스토리 외에 다른 어떤 스토리가 있을 수 있을까?

우리는 새로운 스토리가 필요하다. 지구에 인류가 존재해야 할 의미와 가치를 부여하고, 지구를 인류만이 아닌 모든 생명이 조화를 이루며 사는 세계로 만들어나갈 위대한 책임감을 느끼게 하는 새로운 스토리가 필요하다. 우리는 한 종으로서 어떤 비전을 공유하고 있는가? 인류가 지구상에 출현한 의미가 무엇이며, 우리는 어떤 존재가 되기를 원하는가? 우리가 원형이라고 부르는 과거의 스토리는 많으나 우리 미래에 관해 공유된 스토리는 아직 충분하지 않다.

새로운 스토리를 창조하는 일은 쉽고도 어렵다. 인간은 타고난 스토리텔러이고, 우리 뇌에는 이미 그러한 능력이 있다. 지금도 우리는 매일 스토리를 만들고, 이미 만들어진 스토리를 고쳐 쓰고 있다. 스토리를 만드는 것이 어려운 일은 아니다. 그것을 자신의 스토리로 받아들이고, 진정성을 불어넣고, 그 스토리를 자기 삶에 녹여내는 것이 어려운 일이다.

새로운 스토리를 만드는 것은 내가 지금 가지고 있는 신념들이 스토리라는 것을 인지하는 데서 시작한다. 그것이 스토리이기에 바뀔 수 있고, 다른 스토리로 대체될 수도 있는 것이다. 이것은 다양한 문화적 관습, 종교적 신념이나 의식에도 적용된다. 하지만 어떤 이들에게는 이 부분을 받아들이는 것이 몹시 힘든 일일 수 있다. 누군가는 자신의 신념을 스토리라고 부르는 것에서 분노를 느낄 수도 있다. 하지만 내가 믿는 신념은 진리이고,

다른 모든 신념은 허구요 거짓이라는 태도는 공생과 가장 상반되는 태도이다. 이러한 태도를 갖는다면 어느 한쪽이 다른 쪽을 완전히 지배하거나 멸망시키는 것 외에는 적대적인 대립과 갈등에서 벗어날 길이 없다는 사실을 분명하게 인식해야 한다.

우리를 제한하는 의식의 빗장을 열면, 우리는 종교적 신념의 차이조차도 마치 복식이나 요리법 같은 문화의 차이로 받아들일 수 있을 것이다. 그러한 차이는 인류의 문화를 풍요롭게 하고 우리에게 다양한 삶의 경험을 제공할지언정 절대 피 흘리며 싸울 갈등의 원인이 되지는 않는다. 자신의 신념을 절대적 진리라고 믿기보다는 자신이 좋아하는 스토리로 받아들이고, 다른 스토리도 똑같이 존중하는 태도야말로 공생을 위한 변화의 시작이다.

새로운 스토리를 만든다는 것이 기존의 스토리를 버리는 것을 의미하지는 않는다. 그보다는 재해석이나 의미의 확장으로 받아들이는 것이 더 적절할 것이다. 예를 들어 우리 민족신이 우리 민족을 번성하도록 축복했다는 스토리는, 제대로 알고 보니 모든 인류가 사실은 한 민족이라는 것으로 재해석할 수 있다. 신이 인간에게 세상을 다스리도록 허락했다는 스토리에서는 다스림의 의미가 정복과 수탈이 아니라 모든 사람, 모든 생명체가 균형과 조화를 이루어 사는 평화롭고 지속 가능한 세계를 만드는 것으로 확장할 수 있다. 우리는 지금 가지고 있는 스토리의 본질을 훼손하지 않으면서 더 아름답고 위대하고 완전한 스토리로 재창조할 수 있다. 이미 인류의 의식은 새로운 스토리를 받아들일 만큼 성숙하고 확장해 있다. 오히려 오래된 관습과 신념 체계가 의식의 변화를 따라가지 못해 장애가 되고 있다.

인류의 새로운 스토리를 위해서 마음을 열고 다시 한번 다음과 같이 질문해보자. 우리는 어떤 존재가 되기를 원하는가? 인류가 이 지구에 존재할 이유와 가치는 무엇인가? 우리는 어떤 세계를 만들고자 하는가? 어떤 스토리를 자신의 스토리로 받아들이는 것은 논리나 설득이 아닌 느낌과 공감을 통해서이다. 경쟁하고 대립하고 지배하고 파괴하여 공멸하는 스토리와 공감하고 연대하고 협력하여 공생을 실현하는 스토리, 이 둘 중 어떤 스토리가 당신 마음에 더 와닿는가? 어떤 스토리가 당신을 희망으로 부풀게 하고 감동으로 벅차게 만드는가?

인간과 지구

현재 지구에서 인류가 처한 상황에 맞는 새로운 스토리를 만들고자 할 때, 가장 많이 달라져야 할 부분 중의 하나는 무대의 스케일이다. 대부분 과거 스토리들의 무대는 부족이나 민족, 국가이다. 모두가 공유한 공동체적 가치나 이상理想의 범위가 그 이상을 넘어가지 못했다. 그것이 그 스토리를 만든 사람들이 가진 의식과 상상의 범위였다. 그런데 지금은 다르다. 인류가 활동하고 교류하는 범위가 이미 전 지구를 커버하고 있고, 인간의 활동이 지구의 환경 자체를 바꾸는 지경에 이르렀다. 그런데도 여전히 우리의 사고와 행동을 지배하는 패러다임은 오래된 스토리들과 별반 다르지 않다.

우리에게 지구는 무엇인가? 내 의지와 상관없이 처하

게 된 환경인가? 측량할 수 없는 힘을 지닌 신비롭고 두려운 신적인 존재인가? 무한한 사랑과 인내로 우리가 마음껏 수탈해도 참고 견뎌주는 자애로운 어머니인가? 쓸만큼 쓰고 더 이상 사용 가치가 없을 때 버릴 수 있는 일회용품 같은 것인가?

이 중 어느 것도 현재 우리의 상황과 맞지 않는다. 인류에게 지구는 처음에는 다른 동식물들과 마찬가지로 생존 경쟁을 위한 환경이고 무대였다. 조금 영특한 두뇌를 빼면 우리는 다른 종에 비해 자연이 특별히 선호하거나 보호할 위치에 있지 않았다. 그 이후 인류가 상징을 사용하면서 자연을 두려움과 경외의 대상으로 표현하기 시작했다. 바다, 숲, 번개, 바람 등 대부분의 자연현상에 신성을 부여했다. 지식과 기술이 더 발전하고 자신의 힘에 자신감이 생기면서 자연은 탐험의 대상이 되었고, 점차 개발과 수탈의 대상이 되었다.

산업화가 한참 진행되고 난 뒤에도 우리는 인간의 활동이 환경에 미치는 영향에 관해 국지적으로 생각했지, 의식을 지구 전체로까지 확장해서 고민하지는 않았다.

간혹 누군가가 지구 전체에 미칠 영향과 위기 가능성을 제기해도 그다지 심각하게 받아들이지 않았다. 불과 십수 년 전만 해도 많은 사람이 기후변화나 지구 온난화를 정치적 편향성을 가진 '의견'이라 여겼다. 지금은 지구가 더 이상 거주 불가능한 조건이 될 상황에 대비해 화성이나 다른 행성으로 이주를 고려하는 방안을 공공연하게 논의하고 이러한 계획을 사업화하는 시도가 이루어지고 있다.

지구는 단순히 우리를 둘러싼 환경이 아니다. 두려움과 숭배의 대상도 아니고, 우리가 아무리 수탈해도 끄떡없는 무한한 힘과 인내를 가진 것도 아니다. 그러기에는 인간의 영향력이 너무 커져버렸다. 현실이 이렇게 달라졌지만, 의식은 여전히 과거 스토리에 갇혀 우리의 위치를 제대로 인식하지 못하고 있다. 인간은 지형을 바꾸고, 기후를 바꾸고, 생태계를 바꾸고, 지구의 운명을 좌우할 힘을 가지고 있다. 이러한 새로운 위치에 부합하려면 인간과 지구의 관계를 어떻게 설정해야 할까? 가장 적절한 관계는 '경영'이 아닐까?

만약 지구를 내 땅이고, 내 집이고, 내 가게이고, 내 기업이라고 생각하면, 그래서 내가 책임지고 보호하고 관리하고 경영할 대상이라 생각하면 어떻게 될까? 우리가 그런 마음으로 현재의 지구 상황을 바라보면 어떤 선택과 행동을 하게 될까? 지구 전체를 하나의 단위로 놓고 보면, 우리는 지구의 생태학적 균형을 회복하고 지속 가능성을 확보하는 데 도움이 될 원칙과 지식과 기술, 자원까지 이미 많은 것을 가지고 있다. 다만 그것을 공통의 목표를 위해 조직화하고 사용하겠다는 합의와 실천이 필요할 뿐이다.

우리 삶의 무대는 이미 지구 전체가 되었다. 이제 우리의 스토리 무대와 그 스토리가 담고 있는 이상과 가치의 범위를 지구 전체로 확장할 때가 되었다. 지금 지구에 필요한 것은 자신이 속한 조직이나 나라만이 아니라 지구 전체를 생각하는 책임 있는 경영자들이다. 그 역할을 할 수 있는 사람은 바로 당신과 나, 우리들이다.

경영 중심의 새로운 패러다임

경영의 주체인 인간과 경영의 대상인 지구와의 새로운 관계는 지금까지와는 다른 새로운 패러다임을 요구한다. 경영은 지금까지 우리가 지구를 대해왔던 패러다임인 두려움이나 숭배도 아니고, 소유나 지배나 수탈도 아니기 때문이다. 경영은 마치 우리가 사랑하는 가족이나 사업을 대하는 것처럼 깊은 애정, 책임 있는 사용과 보호를 전제로 한다. 집이 무너지면 새로 지을 수 있고, 비즈니스는 망해도 새로 일으킬 수 있지만, 지구는 그렇지 못하기에 더 주의 깊고 책임 있는 사용과 보호가 필요하다. 이제 소유와 지배가 아닌 경영과 보호라는 패러다임으로 인간과 지구 이야기의 새로운 뼈대를 만들어보자.

소유와 지배에서 이용과 관리로

최근 10년간 새롭게 나타난 주요한 비즈니스 트렌드 중 하나가 구독 서비스이고, 공유제이다. CD나 DVD가 사라진 한참 뒤에도 많은 사람이 음악이나 영상을 자기 컴퓨터나 외장하드에 파일의 형태로 가지고 있었다. 그러나 지금은 대부분 일정 회비를 내고 개인이 보유한 자료와는 비교가 안 되는 엄청난 규모의 라이브러리에 접속해서 스트리밍 서비스를 이용한다. 업무나 사업에 필요한 가장 기본적인 소프트웨어나 데이터를 저장하는 서버와 관련해서도 '클라우드'라는 방식의 형태가 일반화된 지 오래다.

처음 디지털 상품에서 시작된 구독 서비스는 이제 일상 소비재와 자동차, 주택에 이르기까지 다양한 영역으로 확대되고 있다. 자동차를 예로 들면, 작업 현장에 투입된 중장비가 아니고서는 개인 차량의 보유 시간 대비 사용 시간은 거의 10%도 되지 않는다. 그 10%의 사용을 위해 모두가 차량을 개인적으로 소유하는 것이 자원 이용과 비용 등 모든 면에서 합리적이지 않다는 것을 많은 사람이 이해하고 있었다. 하지만 자동차를 이용할 수 있는 상태인지 실시간으로 알 수 있는 시스템이 없고, 자동차를 부와 성공의 상징으로 여기는 문화의 영향도 있어서 '카 셰어링car sharing'을 현실화하지 못했다. 지금은 네

트워크와 정보통신 기술의 발달로 이러한 정보가 실시간으로 제공되고, 라이프스타일이 달라지면서 카 셰어링을 현실화하는 것이 가능해졌다. 여기에 지금 개발 중인 사물인터넷과 무인화 기술까지 더해지면, 머지않은 미래에 자가용에 대한 집착은 시대착오적인 것이 될지도 모르겠다.

단순히 기술적인 변화인 것처럼 보이지만 그 이면에서 일어나고 있는 더 중요한 변화는 패러다임의 변화, 소유와 지배에서 이용과 관리로의 변화이다. 최근 지속가능성에 대한 인식의 확대로 이러한 변화가 눈에 띄는 분야는 주택, 커뮤니티, 도시 등 생활환경의 개발 영역이다. 집단 거주형 주택의 경우, 질 높은 공용 공간을 제공하여 삶의 질은 높이고 개인 공간에 드는 비용은 줄이는 시도를 하고 있다. 최근 기획된 미래형 도시 개발은 대부분 생활공간을 유기적으로 연결해 자동차 이용을 최소화하고, 프라이버시와 공동체적 연결성을 동시에 확보할 수 있는 방향으로 디자인되고 있다.

우리가 창의성을 발휘하면 삶의 더 많은 영역에서 소

유와 지배가 아닌 이용과 관리로 변화를 시도할 수 있다. 일정한 기간이 지나면 더 이상 필요 없는 아이들의 놀이 기구, 이야기책이나 교과서, 계절별 인테리어 소품들, 일생에 한두 번 사용하는 예복이나 장신구, 신기술에 맞추어 주기적으로 업그레이드하는 컴퓨터나 통신기기들은 사실 소유하기보다는 일정 기간 이용하고 공유하는 것이 자신에게도 다른 사람에게도 훨씬 유리하다. 커뮤니티 차원에서도 유익하고, 지구 전체에도 도움이 된다. 개인의 특별한 취향이나 문화적 전통 등이 이러한 변화의 걸림돌이 될 수도 있다. 하지만 경제적으로도 유리한 데다 지속가능성이라는 큰 대의 아래 도덕적 긍지와 정당성이 부여된다면, 그래서 그렇게 하는 것을 더 현명한 행동으로 인식하게 된다면, 그러한 걸림돌은 별문제가 되지 않을 것이다.

경쟁에서 협력으로

신뢰와 협력이 불신과 경쟁보다 더 큰 이익을 가져다준다는 것이 새로운 개념은 아니다. 내 진심은 숨기면서 상대방의 진실을 알아내고, 내가 얻은 정보의 진위를 확인하고, 경쟁에서 나를 보호하면서 상대방을 방해하거나 공격하기 위해 실제로 우리는 엄청난 비용을 지불하고 있다. 경쟁이 심한 산업 분야는 어느 한쪽이 이길 때까지 피해를 무릅쓰며 경쟁하는, 이른바 치킨 게임을 하다가 비용을 감당하지 못해 사업을 접고 시장을 빠져나가는 경우도 허다하다.

불신이 빚어낸 사회적 비용이 얼마나 큰지 잘 알기에 국가는 신뢰 시스템을 유지하기 위해 엄청난 노력을 기울인다. 신용평가나 국가의 지불보증, 주요 거래 문서가 요구하는 공증과 등기, 반송된 수표에 대한 벌금 부과 등이 그러한 노력이다.

특히 우리는 팬데믹을 경험하면서 신뢰의 기반과 정보 공유, 국가 간 협력이 얼마나 필요한지를 확인할 수 있었다. 이것이 제대로 안 될 때 얼마나 큰 피해를 가져올 수 있고, 제대로 되었을 때 얼마나 효과적으로 재난에 대비할 수 있는지 실감 나게 체험했다.

지금 우리는 신뢰와 협력 없이는 해결할 수 없는 규모

의 위기를 맞고 있다. 기후변화를 비롯해 언제든 닥칠 수 있는 다른 종류의 팬데믹, 통제 가능성이 불확실한 인공지능 기술의 발전이 모두 이에 해당한다. 데이터의 신뢰성 확보와 실시간 업데이트 등 이 분야에서 협력을 가능하게 할 기술적인 조건들은 이미 갖추어져 있다. 문제는 신뢰이고, 의지이다.

다행히 우리는 무엇이 정말로 자신에게 도움이 되는지 알 만큼 똑똑하다. 문제는 '내 이익'을 시간상으로, 공간적으로 어디까지 확대해서 볼 수 있느냐이다. 오늘, 이번 달, 올해만을 생각한다면 협력이 도움이 되지 않을 수도 있다. 수백 년 뒤 후손들에게 돌아갈 이익이라면 우선 고려할 사항이 아닐 수도 있다. 하지만 현재까지 알려진 모든 정보를 종합했을 때, 지금 우리가 하는 선택과 행동의 영향은 5~10년 이내에 어쩌면 그보다 더 빨리 우리에게 닥친다. 자식을 키우거나, 집을 짓거나, 사업을 할 때 5~10년을 바라보고 가장 도움이 될 선택을 하는 것은 우리에게 낯선 일이 아니다. 적어도 책임 있는 부모나 경영자라면 누구나 하는 상식적인 판단이다.

그렇기에 경쟁에서 협력으로 패러다임을 바꾸기 위해 대단한 노력이나 희생이 필요한 것은 아니다. 현명한 이기심이면 충분하다. 현명한 이기심에서 출발한 변화가 가져오는 엄청난 효과를 지켜보면서 우리는 알게 될 것이다. 우리가 그동안 얼마나 스스로 만든 패러다임 속에 갇혀 살아왔는지, 그로 인해 개인의 삶과 공동체, 더 나아가 지구 생태계에 얼마나 큰 고통과 피해를 주고 이를 피폐하게 했는지를.

개발과 수탈에서 균형과 회복으로

산업화 초기부터 시작해서 현재까지도 '개발'은 꾸준하게 높은 수익성을 내는 사업 분야이다. 도시 개발, 주택단지 개발, 상업지구 개발, 석유나 철광 같은 각종 지하자원 개발, 벌목과 목초지 개발 등이 이에 해당한다. 이 모든 분야에서 균형이나 지속가능성은 이제 가장 기본적으로 고려할 사항이 되어가고 있다. 균형이나 지속가능성을 고려하지 않는 개발은 여론의 저항이나 정부 규제 등 여러 이유로 장애에 부딪히고 성공을 보장하기 어렵게 되었다.

여기서 더 나아가 앞으로 중요도가 더욱 커질 방향은 '회복'이다. 손상된 환경, 생태계, 기후시스템을 복구하는 일이다. 아마도 인류 역사상 가장 많은 자원, 인력, 노력을 투입하는 초대형 프로젝트가 될 것이다. 훼손된 무언가를 원래대로 복구하려면 훼손에 들었던 몇 배의 노력이 들어간다. 그 규모만큼이나 이 프로젝트는 가장 큰 부가가치와 많은 일자리를 만들어낼 수 있고, 무엇보다 긍정적이고 장기적인 투자 효과를 내게 될 것이다.

회복을 위한 노력이 필요하다는 인식은 점점 더 일반화되고 있다. 현재 지구의 조건으로 고통이 가중될수록 이에 대한 인식도 더 확대될 것이다. 인류의 역사는 우리가 얼마나 창의적이고 뛰어난 문제 해결력을 갖추고 있는지를 보여준다. 이러한 능력을 발휘해서 바다를 탐험하고, 거주지를 확대하고, 다른 행성을 탐색하는 수준에까지 이르렀다. 이제 이러한 능력이 수탈을 위한 개발이 아니라 균형 회복에 그대로 활용될 것이다.

지난 코로나 팬데믹 기간 중 여러 나라에서 봉쇄령을

내려 사람들의 사회 활동을 제한하거나 중단시켰다. 봉쇄가 시작된 후 우리는 짧은 시간 내에 대기의 질이 바뀌면서 사라졌던 동식물들이 돌아오는 변화를 목격하였다. 비록 강제된 것이었지만 우리의 집단적인 행동의 변화가 생태 변화에 얼마나 큰 영향을 미치는지를 보여주는 분명한 증거이다. 복원을 위한 노력이 전 지구적으로, 의도적으로, 조직적으로 이루어진다면 그 효과는 상상을 초월할 것이다.

수익성에서 지속가능성으로

기후변화의 심각성과 지속가능성의 필요성을 인식하는 사람이 많아지면서 기업 운영이나 상품 개발에서 친환경 혹은 지속가능성을 고려하는 것은 이제 필수가 되었다. 이를 고려하지 않거나 이에 반하는 정책이나 행위를 하면 시장에서 살아남지 못한다. 지속가능성이 마케팅이나 홍보 차원에서는 필수적으로 고려할 사항이 되었지만 비용 분석이나 수익성, 기업의 경영분석과 평가에서는 아직 그렇지 못하다. 말하자면 지속가능성은 생산 과정에서의 비용 증가와 원가 상승, 그에 따른 수익의 감소를 감수하고 고려해야 하는 사항이지 그 자체가 비용을 줄이고 수익을 증대한다고 보지 않기 때문이다.

이것은 현재 시장경제 시스템의 한계를 보여준다. 생산과 소비를 포함한 경제활동으로 인간이 만들어내는 지구를 지속 가능하지 않게 만드는 영향과 발자국들은 절대 그냥 사라지지 않기 때문이다. 지금 당장은 아닐지라도 결국은 우리가 지불해야 할 비용이다. 현재의 시장경제 시스템이 그 비용을 현재의 비용으로 포함하지 않고 있을 뿐이다. 이미 우리는 깨끗한 물에 비용을 치르고 있다. 사람들이 수돗물을 신뢰하지 않으면서 플라스틱 통에 담긴 생수의 소비가 늘고 있는데, 생수 가격은 (사실은 대부분 수돗물로 생산됨에도 불구하고) 거의 모든 나라에서 휘발유 값보다 비싸다. 미국의 경우는 약 3배 정도나 비싸다. 물값이 석유보다 비싼 상황은 이미 우리 삶에서 일어나고 있는 현실이다.

만약 우리가 무료로 마시고 있는 공기에 값을 치러야 한다면, 그 값은 얼마나 될까? 팬데믹이나 극심한 스모그를 겪으며 우리는 실제로 그러한 가능성을 목격하고 두려움을 느꼈다. 마찬가지로 파괴된 녹지, 멸종한 동식물, 무너진 생태계의 가치는 얼마나 될까? 예를 들면, 해수 온도의 상승으로 지구의 냉난방 시스템과 영양 배분·자연정화를 담당하는 해류 시스템이 정상적으로 작동하지 않을 때, 지구의 거대한 먹이사슬의 기본이 되는 해양미생물이 줄어들 때, 그 비용은 얼마나 되겠는가? 아무리 큰 비용을 지불한들 복구가 가능하겠는가?

이러한 거대한 시스템은 한번 고장 나면 회복하는 데 10~20년이 아니라 몇십만 년 혹은 몇백만 년은 걸릴 것으로 예상한다. 그런데 이상 징후는 더 이상 미래의 우려가 아니라 이미 관찰되고 있다. 아직은 청구서를 받지 않았다고 여길지 모르지만 사실은 청구서가 이미 우리 눈앞에 와 있다.

개인이 자발적으로 이러한 비용을 생산과 소비에 고려하고 지불하기를 기대하기는 어려울 것이다. 이 부분은 바로 국가가 할 일이고, 국제기구가 할 일이다. 현재 시도하고 있는 온실가스 배출량 할당제라든가 탄소세 등이 이에 해당한다. 아직은 시작에 불과하지만 이러한 이해가 생산과 소비 전반에 일반화되면, 우리가 생산하고 소비하는 상품이나 서비스의 실제 비용과 가격을 보다 정직하게 표시하고 지불하게 될 것이다. 그때는 지속가능성이 수익성의 감소를 감수하고 고려해야 하는 고귀한 도덕적 가치가 아니라, 수익성을 보장하는 가장 기초적이고 현실적인 가치가 될 것이다.

성공에서 완성으로

이러한 패러다임의 변화가 우리가 추구하는 개인적인 목표와 맞물릴 때, 의식과 사고와 행동의 변화를 가져오고 라이프스타일과 문화를 바꿀 것이다. 여기에서 개인적인 변화는 삶의 목표가 성공에서 완성으로 바뀌는 것이다.

경쟁을 전제로 하는 성공은 본질적으로 모든 사람이 도달할 수는 없는 목표이며, 대다수 사람에게 실패가 보장된 목표이다. 최근 사교육 시장을 보면, 의과대학 입학을 목표로 하는 초등학생 특수반이 유행이다. 의과대학 정원이 전체 대학 입학 정원의 1%도 되지 않는다는 현실을 고려하면, 열 살이 채 되지 않은 어릴 때부터 99%가 실패하는 경쟁으로 내몰리고 있다. 그 1%에 들어도 경쟁은 멈추지 않는다. 그 안에서도 상대적 비교와 평가, 경쟁은 계속된다. 그 과정에서 삶의 만족과 행복을 얻었다면 행운이고 축복이지, 성공의 당연한 결과는 아니다. 현대 사회에서 성공의 과정은 축복받은 소수를 제외한 다수에게는 행복을 향한 길이라기보다는 스트레스와 고통을 향한 길이다.

성공과 달리 완성은 판단 기준이 외부에 있지 않다. 완성은 자신이 스스로 선택한 자기 가치를 지켜내고 실현했을 때 오는 자신으로부터의 인정이고 충족감이다. 많은 사람이 삶의 막바지에서 지나온 시간을 회고하면서 인정하는 것처럼, 정말로 자신에게 행복과 위안과 평화를 가져다주는 것은 외적인 업적이나 다른 사람들의 평가가 아니다. 그것은 자신으로부터의 인정이고 충족감이다.

자신이 원하는 목표를 선택하고 노력해서 그 목표를 이루었을 때, 무엇인가를 성취했다는 흥분과 자랑스러움은 그리 오래 가지 않는다. 곧 내면에서는 다른 목소리가 들려온다. 나는 지금 행복한가? 나는 지금 만족한가? 이때 뭔가 부족하고 공허한 느낌이 들면 많은 경우 그동안 자신이 추구했던 목표가 정말로 자신이 원했던 것이 아니라 생각하고 다른 목표를 찾아본다. 그것이 다른 직업일 수도 있고, 새로운 학위나 자격증일 수도 있고, 배우자일 수도 있고, 다른 생활환경일 수도 있다. 외적인 목표를 선택하고 그것을 이루기 위해 열심히 노력하고, 내적인 느낌으로 자신의 상태를 확인한 후 다른 목표를 찾는 이 과정을 어쩌면 평생 반복할 수도 있다.

분명한 사실은 결국 최종적인 판단 기준이 외적인 성취가 아니라 내면의 느낌이라는 점이다. 내적인 충족감이야말로 우리가 처음부터 추구했던 것으로, 완성이 가져다주는 느낌이다. 내 경험과 다른 사람들의 이야기를 종합해보면 대체로 이 느낌은 뛰어난 능력이나 업적이 아니라 친절, 봉사, 헌신, 책임감, 성실, 용기, 진실함 등 인성적인 요소에서 오는 듯하다. 이러한 가치들을 추구하는 데는 경쟁이 필요하지 않다. 모두가 이러한 가치를 추구하고 실천하면 서로에게 도움이 될지언정 다른 사람의 기회를 빼앗지 않는다.

내적인 완성을 추구하는 것과 외적인 목표를 이루고자 노력하는 것은 상충하지 않는다. 어느 것에 우선순위를 두는가의 문제일 뿐이다. 팬데믹 이후 사회 환경이 급변하고 불확실성이 커지면서 사람들의 불안감이 크게 늘었고, 거의 모든 나라에서 정신건강이 사회적으로 큰 이슈가 되고 있다. 그런 만큼 사회의 모든 영역에서 정신이 건전하고, 인성이 바르고, 신뢰할 수 있는 사람이 더 인정받게 되었다. 사회문화적으로도 진정성이라든가 언행일치 같은 덕목을 훨씬 더 중요하게 여기는 분위기가 만들어지고 있다. 이러한 여건은 내적인 완성을 추구하고 더 나은 인성을 갖춘 사람이 사회적으로 더 성공할 기회를 넓혀준다. 완성을 목표로 하고 성공을 선물로 받는다면 그야말로 가장 행복하고 보람 있는 삶이 될 것이다. 지금 우리는 그러한 가능성이 점점 더 많아지는 시대에 살고 있다.

이 시대의 진정한 영웅

새로운 패러다임과 함께 스토리에서 중요한 요소는 주인공, 영웅이다. 슈퍼히어로 같은 영웅의 존재는 우리에게 전해진 원형이 되는 많은 스토리에서도 빼놓을 수 없는 핵심 요소였다. 우리가 가치 있게 여기는 대부분의 스토리는 영웅들의 이야기이고, 영웅들의 투쟁과 승리에 관한 이야기이다. 인류의 스토리에서 대부분의 영웅은 남자이고, 전투적이며, 육체적으로도 강인하다. 사회적인 다양성이 확대되면서 주인공의 성별과 인종이 변화하기도 하지만 기본적인 스토리의 구조는 크게 다르지 않다.

이 스토리에는 대개 두려워할 만한 위력을 가진 악당이 나온다. 영웅은 불리한 여건에도 불구하고 불굴의 의지와 용기로 악당을 이기고 가치 있는 대상을 지켜내거나 과업을 이루는 줄거리를 가지고 있다. 고대 신화도 그렇고, 현대적인 SF영화도 마찬가지이다. 뻔한 스토리에도 불구하고 우리는 여전히 이러한 스토리에 빠져들고, 손뼉을 친다.

무엇이 이들을 영웅으로 만드는가? 강인한 신체나 뛰어난 무공일까? 아니다. 그러한 요소는 함께 등장하는 악당들도 대부분 가지고 있다. 이들을 영웅으로 만드는 가장 중요한 특성은 이익을 따지지 않고 다른 누군가를 위해서 모든 것을 바친다는 사실이다. 우리가 이들의 용맹함과 눈부신 활약에 정신이 팔려 미처 알아보지 못한 이들의 진정한 힘은 바로 사랑이다.

　역사를 통해 수없이 반복되고 재탕해온 비슷한 유형의 스토리들이 어떻게 여전히 우리에게 호소력을 갖는 것일까? 그 스토리가 우리 내면에 어떤 공명을 일으키고, 그 느낌을 우리가 좋아하기 때문이다. 우리에게 아무런 공감을 일으키지 못하고 오히려 불쾌감을 준다면 어떻게 비슷한 스토리들이 이렇게 긴 생명력을 가지고 세대를 가로질러 전해질 수 있겠는가?

　한 인간이 자신의 개인적인 이익보다 더 큰 가치와 목표를 위해 자신을 헌신하고 불가능해 보이는 난관을 헤쳐 나갈 때, 그것을 보는 우리 내면의 무엇인가가 반응하고 공명한다. 이때 우리가 보는 것은 영웅의 겉모습이 아니라 그 모습을 통해서 드러나는 내면의 힘, 인간의 위대함이다. 그 내면의 위대함을 알아보고 그것에 반응하는 것은 다름 아닌 바로 우리 안에 있는 위대한 인간의 본성이다.

지금 인류는 역사상 유례없는 위기를 맞고 있다. 이것은 한 국가나 민족의 위기가 아니라 인류 전체가 지속 가능한지 여부가 결정되는 갈림길이다. 30만 년 전 현생 인류의 조상이 처음 지구상에 출현한 이래, 처음으로 맞는 지구적인 규모의 위기이다. 위기에는 영웅이 필요하고, 위기가 영웅을 만들기도 한다. 위기 상황은 우리 내면에 있는 위대함을 깨워 드러나게 한다. 지금 지구는, 지구의 모든 생명체는 우리에게 정신을 차리고 깨어나라는 절박한 메시지를 보내고 있다.

지금의 시대가 원하는 영웅은 지구를 지키고 보호하는 것을 자기 책임으로 받아들이는 사람이다. 지금의 지구는 그러한 영웅들의 출현이 절실하다. 해결해야 할 문제가 워낙 크기에 한두 명이 아니라 아주 많은 영웅이 필요하다.

아직 시작되지 않은 스토리

개인, 조직, 국가에게 30만 년은 엄청나게 긴 시간이다. 하지만 지구의 시간으로 봐서는 결코 긴 시간이 아니다. 우리보다 앞서 지구상의 최상위 포식자였던 공룡이 군림했던 기간은 1억 5천만 년이나 된다. 박테리아나 균류는 그 이전부터 시작해서 대멸종 기간에도 살아남아 지금까지 수십억 년을 지속해오고 있다.

30만 년 동안 인류는 거친 환경에서 강자가 아니었다. 두려움에 떨면서 몸을 숨기고, 다른 종의 먹잇감이 되는 위치에 있었다. 인간이 다른 종과의 경쟁에서 절대 우위에 선 것은 불과 몇만 년이 되지 않는다. 자연을 적극적으로 개척하고 정복하고자 나선 것은 불과 몇백 년 전의 일이다.

최근 몇백 년간 인간이 만들어낸 많은 문제는 어쩌면 잠재력의 여러 측면이 발현하기 시작하면서, 매우 뛰어난 능력에 비해 아직 그 능력을 제대로 사용할 준비가 안 돼서 생긴 부작용일지도 모른다. 슈퍼히어로 영화에서 어느 날 갑자기 자신의 힘을 자각한 히어로가 힘을 감당하지 못해 좌충우돌하는 경우가 종종 있다. 본의 아니게 집을 부수고, 차량을 전복하고, 다른 사람들을 겁에 질리게도 한다. 아직은 자신이 무엇이 되기를 원하는지, 자신의 역할이 무엇인지 모르는 것처럼 그렇게 좌충우돌하다가 결국 자신의 의지와 선택으로 자기 힘을 다른 사람들을 돕는 선한 목적에 사용하기 시작한다. 그때 진정한 슈퍼히어로로 탄생한다.

우리는 누구인가? 인류는 어떤 존재가 되기를 원하는가? 우리가 지구에 존재하는 의미와 가치는 무엇인가? 개인 차원에서 '자신이 누구인지, 무엇을 원하는지' 질문하는 것은 그리 낯설지 않을 것이다. 하지만 인류 전체로서 우리가 누구이고, 인류가 추구하는 가치와 이상이 무엇인지를 묻는 것은 새로운 차원의 질문이다. 진지하게 이러한 질문을 던지기에 그동안 인류 문명이 너무 자기중심적이고 자아도취적이었던 듯하다. 이러한 질문을 해보지 않았기에 아직 답이 없다.

인류의 가장 위대한 스토리는 아직 시작되지 않았다.

그것은 들어줄 그 누구도 없는 비참한 단막극으로 끝날 수도 있고, 앞으로도 수천수만 년 장대하게 이어질 발견과 성장, 창조의 스토리가 될 수도 있다.

21세기 지구는 큰 위기에 직면했다. 지구와 지구의 모든 생명체는 위대한 잠재력을 가진 인간이 자신의 진정한 가치를 깨닫고, 지구를 위기에서 구해내기를 간절히 염원했다. 조금만 더 그대로 가면 다시는 돌이킬 수 없는 시점에 거의 이르렀을 때, 지구의 여러 곳에서 기적적으로 의식이 깨어난 사람들이 대거 출현했다. 그들은 자신만이 아니라 지구상에 존재하는 모든 생명을 보호할 책임을 받아들이고, 지구상에 평화롭고 지속 가능한 세계를 만들어 번영하게 하겠다는 목표를 선택한 사람들이다. 그들의 노력으로 지구는 공멸의 위기에서 극적으로 방향을 돌려 대파국을 면했다. 이러한 자각이 마치 대폭발을 일으키듯 퍼져나가면서 지구는 균형을 회복하고, 모든 생명체가 조화를 이루며 사는 평화롭고 지속 가능한 세계를 이루었다. 인류는 마침내 지구에 공생의 가치를 기반으로 하는 높은 정신문명을 창조하였다.

누구도 우리에게 이렇게 하라고 강요하지 않는다. 어떤 초자연적인 계획에 따라 이렇게 할 수밖에 없게 예정된 것도 아니다. 이것은 우리가 만드는 우리의 스토리이다. 이 스토리를 통해 우리는 자신의 가치를 선택하고 자기 삶에 더 큰 의미를 부여한다. 이러한 스토리를 선택하면 많은 것이 달라지기 시작한다. 자신이 다르게 느껴지고, 생각이 달라지고, 행동이 달라진다. 경험을 쌓으며 내용이 더 풍부해지고, 스토리를 공유한 사람들의 연결과 공감대 형성으로 스토리는 더 큰 호소력을 갖는다. 이것이 라이프스타일이 되고, 문화가 되고, 새로운 문명을 만든다. 만약 이러한 인류의 스토리라면, 지금 지구가 겪고 있는 고통은 위대한 신인류의 탄생을 위한 값진 산통일 것이다.

3장

우리는 누구인가?

아직 쓰이지 않은 아름답고 위대한 스토리를 완성해나갈 신인류는 누구인가? 그들은 지구에 변화가 필요함을 인식하고, 그 변화를 만들어낼 힘이 자신에게 있다는 것을 자각한 사람들이다. 새로운 의식과 사고와 행동을 빠르게 전 세계에 확산해야 한다고 느끼는 사람들이다. 한두 명이 아니라 수백만, 수천만 명이 자발적으로 깨어나 힘을 합치면 지구의 운명을 바꿀 수 있다는 것을 아는 사람들이다. 우리 인류에게 그럴 의지와 열정, 지혜가 있다고 굳건하게 믿는 사람들이다.

신인류는 어떤 정체성과 가치 기준으로 사고하고 행동

하는가? 신인류는 무엇이 다른가? 신인류는 자신이 누구인지 스스로 정체성을 선택할 수 있으며, 자신이 지구시민임을 자랑스럽게 여긴다. 신인류는 자신이 자연의 일부임을 인정하고, 지구의 미래를 책임지겠다고 선택한 사람이다. 이러한 신념이 신인류의 가치 기준이고, 행동 방향이며, 서로를 결속하는 연대의 끈이다. 이러한 신념으로 신인류는 공생을 실현하고, 앞으로도 수 세기 동안 이어질 장대한 발견과 성장, 창조의 스토리를 써나갈 것이다.

우리는 스스로 선택한다

"우리는 독단적인 이념이나 종교, 가치에 얽매이지 않습니다. 우리는 과거의 제약에서 벗어나 스스로를 재창조함으로써 몸과 마음, 의식의 주인이 되어 평화롭고 지속 가능한 미래를 향한 새로운 길을 선택합니다."

'나는 누구인가'라는 질문은 단순하면서도 낯선 질문이다. 지금 스스로에게 이 질문을 해보자. 어떤 답이 떠오르는가? 그 답 중에서 스스로 선택한 것은 무엇인가? 태어나면서부터 혹은 살아오면서 자신을 둘러싼 환경이나 조건에서 비롯한 것들은 무엇인가? 아마도 당신이 아주 특별한 삶을 살아오지 않았다면, 답의 대부분은 외부에서 왔을 것이다.

나를 구성하는 기본적인 정보들(예를 들어 이름, 성별, 인종, 가족관계, 출생지, 생김새, 피부색, 언어 같은 요소들)은 대부분 태어나면서부터 정해진다. 우리는 이러한 답에 특별히 의문을 제기하지 않고 살아간다. 그래서 '나는 누구인가?'라는 근원적인 질문은 삶에 중요한 결정을 내리거나 특별한 정신 수행을 하는 경우가 아니고서는 평소에 거의 하지 않는다. 대개는 다른 사람이 나에 관해 물을 때 하는 질문이지 스스로 하지는 않는다.

이처럼 나를 구성하는 기본적인 정보는 이미 정해져 있고, 그중 내가 스스로 선택한 것은 거의 없다. 그래서 나의 정체성은 내 것이면서 동시에 내 것이 아니다. 내가 선택한 것도 아니고, 선택할 수도 없고, 달라질 수도 없는 것이기에 내가 누구인가라는 질문 자체가 무의미해진다.

우리는 이렇게 주어진 정체성을 당연한 것으로 여기며 그 정보에 따라 생각하고, 판단하고, 느끼고, 행동하며 살아간다. 이러한 정보들 중에서도 특히 국가, 민족, 종교, 사상 등은 우리의 생각과 감정, 행동을 강하게 지배한다. 이런 정보의 작용으로 같은 언어를 쓰고, 같은 강줄기에서 흘러온 물을 마시면서도 장벽을 치고 지낸다. 개인적으로는 아무런 은원恩怨도 없는 사람들이 원수가 되어 피를 흘리며 싸우기도 한다.

또한 이러한 정보는 현재 인류가 처한 위기 상황을 극복하기 위해 서로 마음을 합치고 협력하는 데 장애가 된다. 그래서 신인류는 나를 규정하는 기존의 정체성에 관한 정보들, 특히 독단적인 신념이나 학설에서 비롯된 정보의 속박을 벗어버리는 것부터 시작한다. 이러한 정보의 제약을 벗어버리는 것이 그 정보들을 버린다는 의미는 아니다. 그 정보는 삶의 경험으로 남고, 그 경험에서 얻은 모든 교훈 또한 앞으로의 선택을 위한 좋은 지침이 되어줄 것이다. 다만 그러한 정보가 사고와 행동을 제한하지 않아야 한다. 그럴 때 비로소 지금 우리에게 필요한 것이 무엇인지 똑바로 볼 수 있고, 관념과 편견에 매이지 않고 선택하고 행동할 수 있다.

우리의 선택과 행동을 제한하는 또 다른 종류의 정보는 내가 스스로에게 부과한 한계들이다. "나는 어떤 사람인가?" 스스로에게 물어보자. 어떤 대답이 떠오르는가? 당신에게 힘을 부여하는 것은 무엇이고, 당신을 위축시키는 것은 무엇인가? 그 답이 당신의 참모습을 얼마나 진실하게 표현하고 있는가?

당신은 삶을 마칠 때 자신이 어떻게 기억되기를 원하는가? 거의 대부분은 타인이나 세상에 도움을 준 사람으로 기억되고 싶다고 말한다. 왜냐하면 그것이 인간의 근원적인 욕구이자 본성이기 때문이다.

당신은 인류와 지구의 미래가 걱정되는가? 당신의 힘이 미치는 한 걱정스러운 미래를 위해 뭐라도 개선하기를 원하는가? 아마도 이 질문에 당신은 "그렇다"라고 답했을 것이다. 내가 만나본 거의 대부분의 사람들이 같은 대답을 했다.

생각해보면 이것은 매우 특별한 일이다. 보통의 개인이, 그것도 아주 많은 개인이 인류 전체와 지구를 걱정하고 이를 위해 뭔가를 하고자 하는 것은 인류 역사상 매우 유례가 드문 일이기 때문이다. 지금 많은 사람에게서 일어나는 이 특별한 변화는 인류의 문화가 더 고상해졌거나 교육제도가 더 좋아졌기에 나온 결과가 아니다. 그 마음은 원래 우리 안에 있었다. 그것이 전 지구적인 도전과 위기 상황으로 각성되고 있는 것이다.

개인은 이기적이고 개인의 힘은 세상을 바꾸기에 무력하다는 생각은 현재의 위기 상황을 변화시키는 데 전혀 도움이 되지 않는다. 또한 우리의 본모습을 제대로 표현하지도 않는다. 모두의 가슴속에는 다른 사람을 돕고, 세상에 긍정적인 기여를 하고자 하는 숭고한 욕구가 있다. 그리고 지금 세계는 우리 모두의 자각과 행동을 요구한다. 그 시작은 지금까지 스스로에게 두었던 한계와 제한적인 정보를 내려놓고 내면에 있는 크고 밝은 마음을 자신의 참모습으로 선택하고 받아들이는 것이다.

자신을 규정하는 관념적이고 독단적인 신념에서 비롯한 정보, 자신을 한계 짓는 부정적이고 제한적인 정보에서 벗어나는 것은 마치 새로운 탄생과 같다. 육체적인 탄생이 생존을 위한 것이라면, 이러한 탄생은 자신의 진정한 가치를 실현하기 위한 것이다. 이러한 탄생을 통해 우리 삶에는 새로운 의미가 부여된다. 내가 나를 선택하고, 내가 나를 낳는 것이다. 어머니가 아니라 내가 나를 낳는 것이고, 몸이 아니라 의식으로 낳는 것이다. 그래서 나이나 성별에 상관없이 누구나 할 수 있다.

이렇게 자기 정체성을 규정하는 관념적이고 제한적이고 부정적인 정보에서 자유로워질 때, 비로소 나는 온전히 내 몸과 마음의 주인이 된다. 내 뇌력을 온전히 사용할 수 있게 된다. 이전의 나는 분리되고 이기적이고 무력한 개인, 그리고 특정 인종, 특정 종교, 특정 민족, 특정 집단의 일원으로서 생각하고 행동했다. 하지만 이러한 정보의 제약에서 벗어난 나는 이제 지구에 살고 있는 사려 깊고, 성숙하고, 책임감 있는 인간으로 스스로 판단하고, 선택하고, 행동할 수 있다. 내가 선택하고, 내가 행동한다. 내가 내 마음과 몸을 사용한다. 그때 나는 내가 속한 특정 집단의 이익이 아니라 인류와 지속 가능한 지구의 미래를 위해 올바른 선택을 할 수 있다.

우리는 지구시민이다

"우리는 피부색, 언어, 인종, 문화, 종교, 국적을 초월한 지구시민입니다. 우리는 지구시민이라는 정체성을 공유하며, 지구에 대한 사랑과 책임으로 연결되어 있습니다. 우리는 지구와 모든 생명의 건강을 증진하며 사람과 사람, 사람과 자연이 조화롭게 공생하는 세상을 만듭니다."

우리는 스스로를 정의하고 설명하기 위해 피부색이나 언어, 인종, 종교, 국적 같은 여러 정보에 의존한다. 하지만 이러한 구분 이전에 우리를 하나로 연결하는 공통의 기반, 그것은 지구이다. 그렇기에 우리는 미국인, 한국인, 중국인, 프랑스인이기 이전에 지구시민이다. 아시아인·

아메리카인·유럽인·아프리카인이기 전에 지구시민이며, 불교도·기독교도·이슬람교도·유태교도이기 이전에 지구시민이다. 지구시민이라는 정체성은 이러한 모든 분리적인 정체성보다 더 근본적이다.

관념적이고 독단적인 신념에서 비롯한 정체성에서 자유로워지면 우리는 자연스럽게 지구시민이 된다. 모든 인위적이고 관념적인 정체성을 벗었을 때, 우리에게 남은 자연이 부여한 본래의 정체성이 바로 지구시민이기 때문이다. 그래서 우리가 지구시민이 되기 위해 특별히 배우고 준비해야 할 것은 아무것도 없다. 그동안 자기 정체성과 그 정체성을 지탱해온 신념 체계가 더 이상 상황에 맞지 않다는 것을 직시하고, 마치 몸이 자라서 그동안 입었던 옷을 벗는 것처럼 정보의 껍질을 벗는 선택이 필요할 뿐이다.

지구시민이 우리 정체성의 근본이라는 자명한 사실을 너무 오랫동안 외면해왔다. 국가, 민족, 종교, 이념이라는 테두리 속에 자신을 가두고 그러한 정보들과 자신을 동일시해왔다. 이와 더불어 다른 신념 체계나 정체성을 가진 사람들을 부정하고, 배척하고, 파괴하였다.

지구시민이라는 공유된 정체성을 자연스럽게 받아들임으로써, 비로소 우리는 다른 사람을 인위적이고 관념적인 틀에 가두지 않고 제대로 인식하며, 모두가 같은 인간으로서 자연스러운 유대감을 형성한다. 서로 연결되어 있음을 알기에 서로를 살리는 공생을 선택하고, 더 나아가 지속 가능한 지구의 미래에 대한 책임을 함께 나눈다.

우리가 지구시민이라는 사실을 진정으로 받아들이면 차이는 더 이상 갈등 요소가 아니다. 다양한 문화, 인종, 종교, 신념이 공존하는 것을 자연스럽게 받아들일 것이다. 이는 갈등과 분쟁의 씨앗이 아니라 인류의 문화를 더 포용력 있고 풍부하게 만드는 원천이 될 것이다.

더 나아가서 지구시민이라는 정체성은 지구라는 틀에 제한되지도 않는다. 우리를 규정하는 대부분의 정보는 우리가 지구를 벗어나는 순간 의미가 약해진다. 마치 다른 나라로 여행을 가면 자신이 어느 나라에서 왔다는 것 외에 어느 도시, 어느 마을 출신이라는 것이 별 의미를 갖지 않는 것과 마찬가지이다. 하지만 우리가 우주 어디를 가도 변치 않을 정체성은 바로 지구시민이라는 사실이다.

인류가 현재의 위기를 극복하고 지속 가능한 문명을 이루고 더 발전하여 활동 범위가 지구를 벗어난다고 해도 그 정체성은 변하지 않는다. 그때가 되면 오히려 우리가 지구시민이라는 사실이 더 중요해질 것이다. 우리는 처음부터 지구시민이었고 앞으로도 그러할 것이다. 지구를 사랑하고, 지구에 감사하고, 지구에 태어난 것을 자랑스럽게 여기는 우리는 지구시민이다.

우리는 자연이다

"우리는 자연과 분리되어 있지 않으며 자연의 일부입니다. 우리 한 사람 한 사람의 행동은 자연에 큰 영향을 미칩니다. 우리는 내면의 자연을 일깨움으로써 자연환경과의 연결을 회복하고, 지구와 더 건강한 관계를 만들기 위해 노력합니다."

당신에게 자연은 무엇인가? 경외의 대상인가, 즐길 대상인가, 사용하다가 용도가 다하면 버릴 대상인가? 지금까지 자연은 대부분의 문화권에서 처음에는 경외의 대상이었지만 점차 정복하고, 지배하고, 사용할 대상으로 변해왔다. 이는 우리가 문명의 시작, 특히 산업화 이후부터 일관되게 자연을 대해온 방식이자 태도이다.

우리는 자연을 인간과는 분리된 주변부로 인식해왔다. 그러나 자연은 인간의 외부가 아니다. 인간이 자연의 일부분이다. 땅을 딛고 살아가는 우리는 자연이다. 지구를 크게 순환하는 중에 잠시 자신의 주변에 머문 물을 마시면서 그 순환에 참여한다. 지구상의 모든 동식물과 함께 대기를 호흡한다.

단순히 거시적인 차원에서만 그러한 것이 아니다. 우리 몸의 내부에서 일어나는 대부분의 작용은 통제할 수 없다. 지금 이 순간에도 몸 안에서는 세포가 생겨나고, 죽고, 노폐물을 처리하고 있다. 심장이 뛰어 혈액이 온몸을 순환하면서 체온이 유지되고 있다. 수많은 감각적인 정보가 들어와 인식의 바탕을 만들고 있다. 이 모든 것들이 내 의지나 통제와 상관없이 매 순간 일어난다.

이러한 것들은 배워서 습득한 것이 아니다. 이러한 시스템이 어떻게 작동하는지 다 알지 못한다. 문제가 생겨서 고통을 느낄 때 말고는 의식하지도 않는다. 우리는 자신이 관심을 갖고 원하는 것, 그리고 그것과 연관된 행동에만 집중하며 살아가다 보니 삶의 모든 요소를 내가 결정하고 통제하는 듯한 착각에 빠진다. 하지만 사실은 내 삶에서 일어나는 대부분의 일들, 특히 생명 유지를 위해 중요한 일들은 모두 내 통제와 상관없이 일어난다. 따라서 인간이 자연이라는 말은 시적인 은유가 아니라 명백한 사실이다.

내가 자연이고, 자연이 나의 본질이라는 것을 받아들이는 것은 다른 모든 생명체와의 연결성을 인정하고 받아들이는 것이다. 세계 여러 곳의 전통문화나 영적인 가르침에서는 이러한 이해를 바탕으로 자연을 하나의 커다란 그물이나 태피스트리(색실로 그림을 짜 넣은 직물)로 표현하기도 하였다.

자연은 우리가 일상을 벗어나 차를 타고 몇 시간씩 가

서야 만나는 숲이나 바닷가, 강변에만 있는 것이 아니다. 체온, 호흡, 맥박을 통해 우리는 자연의 리듬을 느끼며 우리 안의 자연성을 기억한다. 내 안에 있는 자연을 느끼지 못할 때 삶은 자연스러운 리듬을 잃고, 몸도 마음도 병들고 피폐해진다. 또한 자기 삶의 기반이 약화하여 결국에는 생명 자체를 파괴하는 선택에 이르기도 한다. 그것이 현재 우리가 경험하고 있는 현실이고, 지구의 상태이다.

자연은 두려움의 대상도, 정복과 수탈의 대상도 아니다. 단순히 주어진 환경만도 아니다. 내가 자연이고, 자연이 우리의 본질이다. 내 생명은 지구라는 거대한 생명의 일부이다. 이러한 사실을 받아들일 때 우리는 건강한 토양, 맑은 물, 맑은 공기에 합당한 가치를 부여할 수 있다. 지속 가능한 지구를 단기적인 이익이나 편리보다 더 우선할 것이다. 경쟁보다 자연을 회복하고 보존하기 위한 협력에 더 많은 에너지를 쓰는 것을 당연하게 받아들일 것이다.

우리는 지구의 미래다

"지구의 미래는 다른 누군가의 문제가 아니라 우리 한 사람 한 사람의 책임입니다. 우리는 이 책임을 기꺼이 받아들이며, 지구와 모든 생명이 함께 잘 살 수 있는 지속 가능한 미래를 창조합니다."

지금은 지구에 아주 특별한 시간이다. 어떤 이유에서든, 우리는 이 특별한 시간에 지구의 미래를 결정하는 아주 중요한 위치에 있다. 내가 적극적으로 행동하든 수동적으로 따라가든 이 역할과 책임에서 벗어날 수는 없다. 그 것이 지금 지구에 살고 있는 우리 모두에게 운명처럼 주어진 역할이다.

아직도 많은 사람이 기후변화에 따른 지구의 위기를 미래의 위험이라 생각한다. 어쩌면 이러한 인식이 기후변화에 대응하는 적극적인 행동을 더디게 하는지도 모른다. 당신이 증조부, 고조부를 넘어서 5대조, 6대조 할아버지를 떠올리면 어떤 느낌이 드는가? 느낌이 있기는 한가? 당신에게 어린 손주가 있다면 그 아이들의 재롱이 눈에 넣어도 아프지 않을 만큼 예쁠 것이다. 그러나 4대, 5대 후손들을 떠올려도 같은 느낌이 드는가? 이렇게 먼 후손들까지 고려해서 생각하고 행동할 수 있는 사람은 그렇게 많지 않을 것이다.

기후변화와 관련하여 우리에게 주어진 미래, 우리가 선택하고 행동할 수 있는 미래는 멀리 있지 않다. 유엔 산하 기후변화에 관한 정부 간 협의체(IPCC)의 최근 보고서에서는 기후변화의 추이에 따른 결과가 어떻게 될지 결정되는 것은 불과 10~30년 이내라고 한다. 현재 추세라면 기온 1.5도 상승에 도달하는 것은 2030년대, 2.0도 수준에 도달하는 것은 2050년 이내이다. 이 수준이 되면 기후변화의 결과가 현재 우리가 경험하고 있는 것보다 훨씬 크고 파괴적일 것으로 예측된다.

현재 한국인의 평균수명이 80세가 넘는 것을 고려하면, 현재 나이가 50세 이하인 사람들 대다수가 기후변화의 재앙을 직접 목격하고 경험한다는 의미이다. 한국만이 아니라 지금 지구상에 출생해서 살고 있는 대부분의 사람이 생애 내에 이러한 변화를 직접 겪게 될 것이다. 기후변화에서 우리가 고려할 대상은 미래세대가 아니다. 바로 나 자신이고, 내 가족들이다.

이런 상황에서 당신은 어떤 선택을 하겠는가? 많은 사람이 여전히 지구는 너무 커서 개인의 힘으로 지구의 미래를 바꾸는 것은 불가능하다고 생각한다. 그래서 각국의 정부나 세계적인 큰 기업, 국제기구에서 어떻게든 할 것이라 기대할 수도 있다. 신앙심이 깊은 사람들은 모든 것을 신의 뜻으로 받아들이고 물질세계에 속한 지구의 지속성이 아니라 자신의 영적인 구원을 위해 기도할지도 모른다. 누군가는 만약 기후변화와 환경 재앙으로 지구가 망하면 나만 죽는 것도 아닌데 무엇이 억울하겠냐고 생각할지도 모른다.

중요한 사실은 우리에게 지구의 미래를 결정할 힘이 있고, 아직은 행동할 수 있는 시간이 있다는 것이다. 지구의 기온 상승은 불과 몇백 년도 채 되지 않는 산업화 이후에 일어났다. 인간의 활동이 현재의 기후변화를 일으키는 주요 원인이라는 것은 이제 대다수가 인정하는 사실이다. 그만한 변화를 일으킬 힘이 우리에게 있었다면 그것을 바꿀 힘도 우리에게 있다. 더욱이 기후변화에 관한 그동안의 연구와 논의를 통해 이미 많은 대응 방안이 나와 있다.

문제는 누가 할 것이냐이다. 그 누군가는 우리가 신앙하는 신도, 정치 리더도, 기업가도, 과학자도 아니다. 바로 우리 자신이다. 우리들 한 사람 한 사람이 모두 주인이고 책임자이다. 나이나 사는 곳도 상관없다. 지금 살고 있는 곳에 따라 당장 피부로 체감하는 위기감은 다를 수 있다. 하지만 약간의 시간 차이가 날 뿐, 기후변화나 환경 재난의 영향에서 벗어나는 곳은 없다. 그 영향을 줄이고 파국을 피하는 일은 나이나 거주지에 상관없이 모두가 관심을 갖고 참여해야 하는 일이다.

내가 지구의 미래라는 것은 은유적 표현이 아니다. 지금 나의 선택과 행동에 따라 인류에게 미래가 있을 수도, 아예 없을 수도 있다. 지구에서 지금이라는 특별한 시간을 살고 있는 우리들 한 사람 한 사람은 단순히 지구의 미래에 영향을 미치는 것이 아니라, 문자 그대로 지구의 미래이다. 신인류는 내가 지구의 미래라는 사실을 받아들이고, 그 미래를 지키기 위한 책임까지 기꺼이 받아들이는 사람들이다.

* * *

나는 내가 누구인지를 스스로 선택한다. 그리고 내가 선택한 나의 기본 정체성은 지구시민이다. 나는 자연의 일부이고, 자연 그 자체이며, 지금 내 생각과 선택과 행동이 내가 직접 경험할 지구의 미래를 결정한다. 이것이 신인류의 자기 선언이다.

어쩌면 이러한 인식은 너무 당연하고 상식적인 것으로 여겨질지 모른다. 하지만 건전한 상식을 가진 사람이라면 누구라도 동의할 수 있는 이런 인식이 아직 인류 전체의 정체성과 생활양식으로 자리 잡지 못하고 있다.

신인류의 자기 선언이 단지 정보 차원에서 머무는 것이 아니라 신념이 되고 생활이 되려면, 의식의 각성이 필요하다. 우리를 신인류로 만드는 것은 경력이나 자격, 사회적 지위가 아니다. 소셜미디어에 올라가 있는 사진이나 프로필도 아니다. 신인류가 되기 위한 불꽃은 외부 요인이 아니라 내적인 깨달음에 의해 점화된다. "우리가 계속 이렇게 살아서는 안 되겠구나. 여태까지와 똑같은 생각과 행동으로 살아간다면 지구와 인류는 정말 희망이 없겠구나. 나부터 바뀌어야겠구나!" 내면에서 일어나는 이와 같은 의식의 각성이 우리를 신인류로 만든다.

4장

우리의 실천

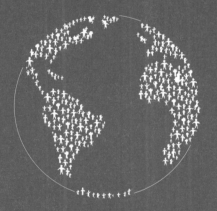

지금 지구가 직면한 도전들은 바로 우리 곁에서 실시간으로 일어나는 긴급하고 구체적인 위험이다. 지구의 미래를 책임지고자 하는 신인류로서 우리는 지금 무엇을 해야 할까? 개인이 일상에서 실천할 수 있는 즉각적인 대응 방법과 변화 지침을 다섯 가지로 제시한다.

첫째는 자연 건강을 유지하고 향상하는 것이다. 둘째는 자연과의 조화와 균형을 유지하는 라이프스타일을 만드는 것이다. 셋째는 평화와 공생의 문화를 창조하고 증진하는 것이다. 넷째는 기술을 책임 있게 사용하고, 지속 가능한 개발을 요구하고 지원하는 것이다. 다섯째는 변화의 필요성과 방법에 관해 자신과 다른 사람들을 교육하는 것이다. 이러한 지침을 실천하고 다른 사람들이 동참하도록 독려함으로써 우리는 지구와 지구의 모든 생명체를 위한 평화롭고 지속 가능한 미래를 창조할 수 있다.

자연 건강 유지하기

"우리는 내 몸과 마음의 건강을 스스로, 가능하면 자연적인 방법으로 돌보고 다른 사람들도 그렇게 할 수 있도록 돕는다."

현재 우리 사회에서 건강은 비싼 값을 치르고 사야 하는 '상품'이 되었다. 건강을 유지하는 데 첨단 장비와 시설, 의료 전문가에게 절대적으로 의존한다. 팬데믹을 겪으며 그동안 우리가 의존해온 의료 시스템이 얼마나 취약한지를 확인할 수 있었다.

우리 몸은 건강의 균형이 깨졌을 때, 균형을 회복하기

위해 스스로 노력한다. 인간만이 아니라 모든 동식물이 그러하다. 우리는 어릴 때부터 크고 작은 상처가 치유되어 새살이 돋고, 타박상으로 멍이 들고 근육이 부풀었다가도 시간이 지나면 붓기가 빠지고 통증도 사라지는 것을 수없이 경험하였다. 감기 몸살로 오한이 들고 온몸이 아프고 손가락 하나 움직일 힘이 없다가도 며칠이 지나면 증상이 사라지고 다시 기력을 되찾는다. 이것이 우리 안에 있는 자연치유력의 힘이다. 물론 자연치유력이 만능은 아니다. 감당할 수 없을 만큼 손상이 크면 결국은 회복에 실패하고 몸의 기능을 잃거나 목숨을 잃을 수도 있다. 여기서 중요한 것은 우리 몸은 언제 어떤 상황에서도 깨진 균형을 되찾기 위해 최선을 다한다는 사실이다.

의학이 발달한 지금은 사소한 건강 문제조차도 약과 의료 전문가에 의존해서 해결하려다 보니 많은 사람이 마치 약이나 의사가 병을 치료한다고 생각하는 것 같다. 하지만 사실은 그렇지 않다. 현재 개발된 어떤 약이나 치료법도 이미 인체가 가지고 있는 치유와 회복의 기능을 활용하지 않는 것은 없다. 약물, 전자기파, 수술 등

어떤 의료 방법을 사용하든 결국은 인체에 이미 갖추어
진 기능들 중 어떤 것들은 억제하고 어떤 것들은 촉진하
면서 치유가 일어나는 데 가장 효과적인 조건을 만들어
주는 것이다. 최종적으로 회복을 가져오는 것은 예나 지
금이나 우리 몸이 가진 자연적인 치유 능력이다. 만약 이
자연치유의 기능이 살아나지 않으면 어떤 치료법도 결국
실패할 수밖에 없다.

우리가 자연 건강을 추구한다는 것은 의료적 처치나
도움을 부정하거나 멀리하는 것이 아니다. 자연 건강을
추구한다는 것은 병을 자연적인 방법으로 치유한다기보
다는 몸이 어떤 조건에서도 원래의 균형을 회복할 수 있
도록 최적의 조건을 만들고 유지하게 하는 것이다. 그렇
게 해서 몸과 마음이 다양한 스트레스에 강한 저항력을
갖게 하는 것이다. 병에 잘 걸리지 않을 뿐 아니라 혹시
걸리더라도 최소한의 의료적 도움만으로 회복할 수 있게
하는 것이다.

대다수의 사람이 저항력과 회복력을 갖추고 있으면 고
가의 장비나 약품, 전문 의료서비스에 대한 수요를 줄이

고 이를 더 필요한 사람들에게 우선적으로 제공할 수 있다. 따라서 자연 건강은 경제적 발달 정도에 상관없이 거의 모든 나라가 공통적으로 안고 있는 의료비 증가 문제를 해결하는 데도 큰 도움이 된다.

자연 건강은 자연환경을 건강하게 유지하는 데도 도움이 된다. 약물이나 주사로 우리 몸에 투입된 화학물질들은 대부분 자연분해가 되지 않는 것들이다. 분해가 된다고 해도 시간이 오래 걸린다. 우리 몸에서 역할을 마친 화학물질은 몸 밖으로 배출되어 하수로, 하천으로, 결국에는 바다로 흘러들어간다. 이중 일부는 해양 생물들에게 흡수되어 먹이사슬을 통해 순환하고, 일부는 증발하는 수증기에 섞여 빗물이 되어 우리에게로 다시 돌아온다. 이 순환 과정을 거쳐 흐르는 것은 약품만이 아니다. 가축들에게 사용하는 많은 양의 항생제를 비롯해 우리가 다른 동식물에 사용하는 것도 포함된다. 따라서 우리 삶과 연관된 동식물들이 자연스러운 방법으로 건강을 유지하도록 돕는 것이 나 자신도 자연환경도 건강하게 한다.

자연 건강이 중요한 또 다른 이유는 우리 삶이나 환경

에 예측하지 못한 변화가 생겼을 때 그 충격으로부터 우리를 보호하는 방패가 되어주기 때문이다. 앞서 언급한 팬데믹을 겪으며 우리는 개인 방어력의 중요성을 확인하였다. 같은 바이러스에 노출되고 같은 증상이 나타나도 어떤 사람은 회복을 하고, 어떤 사람은 그렇지 못한다. 정신적인 충격에 있어서도 마찬가지이다. 어떤 사람은 웬만한 스트레스가 있어도 이겨내지만, 어떤 사람은 작은 스트레스에도 정신적으로 무너진다.

지금처럼 우리 삶의 기반을 뒤흔들 변화와 충격이 수없이 일어날 수 있는 환경에서 내적으로 강한 회복탄력성을 키우고 유지하는 것은 변화에 대응하는 매우 중요한 준비이다. 현재 우리가 의존하고 있는 약품이나 의료 서비스를 일시적으로든 장기적으로든 제공받을 수 없는 상황이 되면 어떻게 할 것인가? 자연 건강을 추구하고 자연치유력을 키우는 것은 자신을 위해서, 주변의 다른 사람들을 위해서도 우리가 할 수 있는 매우 중요하고 실질적인 실천이다.

자연 건강에 도움이 되는 세 가지 생활 습관

자연 건강을 위해 누구나 할 수 있고, 누구에게나 도움이 되는 가장 단순하면서도 효과적인 세 가지 방법은 호흡, 장腸 건강, 소식小食이다. 살아있는 한 누구나 숨을 쉬기에 우리는 호흡을 아주 당연한 것으로 여긴다. 호흡은 스트레스 반응을 조절해서 자율신경의 균형을 회복하고 자연치유력이 제 기능을 발휘하게 하는 마스터키이다. 자율신경 중에서 교감신경이 활성화하면 스트레스 반응이 일어나고, 부교감신경이 활성화하면 이완 반응이 일어난다. 현대인들은 여러 부정적인 정보와 생각으로 스스로 위기 상황을 만듦으로써 교감신경이 계속 활성화 상태에 있다. 이런 상황에서는 소화, 휴식, 회복의 기능을 담당하는 부교감신경이 억제되기 때문에 우리 몸의 자연치유력이 힘을 발휘할 수 없다.

호흡은 교감신경의 흥분을 가라앉히고 부교감신경이 우위를 회복하는 데 매우 간단하고 강력한 방법이다. 단지 3~4회의 깊고 여유 있는 호흡만으로도 자율신경의 균형이 바로잡힌다. 자연치유를 도와주는 강력한 시스템

이 우리 안에 존재하는데 호흡이 그 힘을 발휘하도록 도
와줄 수 있다.

스스로 건강을 지키고 육체적, 정신적 회복탄력성을
유지하는 데 도움을 줄 다른 방법은 장 건강을 챙기는 것
이다. 장은 단순히 소화기관의 일부가 아니다. 장에는 약
3~5억 개의 신경세포로 이루어진 신경망이 있어서 행복
감에 영향을 미치는 도파민이나 세로토닌 같은 신경호
르몬 생산에 중요한 역할을 한다. 뿐만 아니라 우리 몸의
면역 체계 중 80%가 장에 속해 있다. 장 속에 사는 미생
물들이 그 역할을 담당한다.

장을 건강하게 유지하는 데 도움을 주는 대표적인 방
법은 김치나 된장, 청국장 같은 발효 식품을 먹는 것이
다. 거기에 더해 장운동, 단전치기, 복부 마사지처럼 장을
직접적으로 자극하는 운동을 추천한다. 단전치기는 손바
닥이나 가볍게 쥔 주먹으로 아랫배를 리듬감 있게 두드
리는 운동이고, 장운동은 아랫배를 최대한 안으로 당겼
다가 놓는 동작을 반복하는 운동이다. 처음에는 20회 정
도로 가볍게 시작해서 한번에 100회 정도 할 만큼 횟수

를 늘려보자. 단전치기와 장운동은 장의 연동운동을 돕고 장 기능을 활성화하는 데 매우 좋은 운동이다.

개인이 지구 환경에 큰 영향을 미칠 수 있는 한 가지 방법은 먹는 방식의 변화이다. 모든 사람에게 다 맞는 다이어트 방법은 없겠지만 개인에게도 좋고 지구에도 좋은 건강한 식사 가이드라인은 있다. 고기, 특히 소고기와 같은 붉은색 육류의 소비를 줄이고, 천연 섬유질이 많은 야채를 다양하게 먹는 것이 좋다. 이는 목초지 개발을 위한 삼림 파괴를 줄이고, 메탄가스 배출량도 줄일 수 있기에 개인적으로 건강해지는 것뿐만 아니라 지구 전체에도 도움이 된다.

식단의 변화와 더불어 먹는 양을 줄이고, 기쁘고 감사하는 마음으로 먹는 것도 아주 중요하다. 이것은 상식적인 이야기이지만 아무리 몸에 좋은 음식이라도 과식하면 독이 된다. 그리고 감사하고 행복하게 먹는 것이다. 건강한 음식을 골라 먹는 일이 지나치게 부담스럽고 스트레스가 된다면, 차라리 노력하지 않은 것만 못하다. 음식의 종류나 질에 상관없이 어차피 먹을 음식이라면 짜증 내거나 불평하며 마음의 독소를 더하지 말고, 그 음식이 당신 앞에 오기까지 희생하고 기여한 모든 사람, 모든 생명, 모든 존재에 감사하며 기쁜 마음으로 먹자.

나와 다른 사람, 다른 생명을 이어주는 에너지 명상

이 외에 에너지 명상을 권한다. 현대 물리학의 발견이 보여주는 것처럼 물질을 잘게 부수어 그 끝에 이르렀을 때 우리가 만나는 것은 에너지이다. 좀 더 정확히 말하면 파동 치는 에너지 장場이고, 이 에너지에 작용하는 의식이고, 마음이다. 동양의 정신적 학문적 전통에서는 마음과 의식을 심心이라 하고, 에너지를 기氣라 부른다. 또한 심과 기의 상호작용으로 세상의 모든 변화가 만들어졌다고 설명한다.

이러한 이해를 바탕으로 우리나라를 비롯한 동양 문화권에서는 에너지의 감각을 깨우고 마음의 힘으로 에너지를 움직여 사물에 변화를 일으키는 원리를 연마하는 심신수련법들이 체계적으로 발전하였다. 크게 양분하자면 경전과 명상 수행을 중심으로 한 마음공부를 통해 존재의 근원에 도달하려는 것을 심공心功이라 하고, 무예와 치유를 포함하여 에너지 공부에 주안점을 두는 접근법을 기공氣功이라 한다.

하지만 원래 의식과 에너지가 분리된 것이 아니라는 이해에서 출발했기에 심공을 통해 마음이 작용하는 이치를 알면 에너지를 쓸 수 있게 된다. 또한 에너지를 움직이는 법을 익히다 보면 결국 자신이 운용하는 것이 마음이라는 사실을 알게 된다. 심공이 기공이 되고, 기공이 심공이 되는 것이다.

기공은 에너지를 느끼는 것에서 시작한다. 에너지는 어디에나 있다. 당신 몸 안에도 바깥에도, 은하와 은하 사이 어둠과 침묵만이 가득한 완전히 비어 있는 것처럼 보이는 허공에도 있다. 우리는 마음에 집중함으로써 그 에너지를 느낄 수 있다. 우리의 감각은 집중하면 할수록 매우 예리해진다.

다음의 순서를 따라 에너지 명상을 해보자.

손뼉을 30회 정도 친 후 양손을 벌린 채 손바닥의 느낌에 집중한다. 감각이 예민하고 의식이 집중되어 있다면 손뼉을 치는 것만으로도 평소와는 다른 찌릿찌릿한 전류감이나 밀고 끌어당기는 자력감을 느낄 수 있다.

손뼉을 친 후 동작을 멈추고 양손을 벌린 채 잠시 손의 느낌에 집중한 후, 양손을 비벼준다. 손바닥이 뜨거워질 정도로 빠르고 힘 있게 30초 정도를 비빈다. 동작을 멈추고 처음 했던 것처럼 양손을 벌린 채 다시 손바닥의 느낌에 집중한다. 처음보다 에너지를 더 강하게 느낄 수 있을 것이다. 이제 양손을 20~30초 정도 빠르게 털어준다. 동작을 멈추고 양손을 벌린 채 잠시 손바닥의 느낌에 집중한다.

그 상태에서 눈을 감고 양손을 천천히 벌렸다 모았다 반복한다. 동작을 하면서 양손바닥, 손과 손 사이의 느낌에 집중한다. 이렇게 반복하면 양손 사이에서 무엇인가 밀어내는 느낌, 서로 당기는 느낌, 찌릿찌릿한 느낌이 들 것이다. 그 느낌을 계속 유지한 채 팔을 좀 더 벌려서 손과 손 사이의 간격을 넓혀본다.

이제는 양손이 에너지의 느낌을 따라 자유롭게 움직이게 한다. 하다 보면 손의 움직임을 이끄는 에너지와 움직이는 손과 그 에너지를 느끼고 손의 움직임을 관찰하는 마음 사이의 구분이 없어진다. 움직이는 주체와 움직이는 대상의 구분도 사라진다. 이 모든 것을 경험하고 관찰하는 당신의 마음은 단지 존재할 뿐, 분별심도 감정도 경계도 없다.

그 상태에서 천천히 양손을 가슴 앞에 모으고 가슴의 느낌에 집중한다. 이유를 설명할 수 없는 충만감, 기쁨, 행복감 같은 느낌이 들 것이다. 눈을 감고 있어도 환한 빛이 느껴질 수도 있다. 그 느낌이 사라지지 않도록 천천히 양손을 무릎 위에 내린다. 세 번 정도 천천히 숨을 들이마시고 내쉰다. 마지막 숨을 내쉴 때는 고개를 살짝 숙여 목이나 어깨에 남아 있는 긴장을 호흡과 함께 다 내려놓는다. 천천히 눈을 뜨고 양손을 비벼 머리, 얼굴, 목, 어깨, 가슴, 팔, 다리, 무릎, 발까지 쓸어준다. 에너지가 충전되어 상쾌한 기분이 들 것이다.

이번에는 기공을 경험해보자. 기공을 활용하는 가장 효과적이고 실용적인 방법은 치유이다. 앞에서 소개한 과정의 마무리 부분에서 한쪽 손의 손바닥이 위로 가게

무릎 위에 올려놓거나 배꼽 정도의 높이에 둔다. 다른 손은 내 몸이 불편한 부위 가까이 가져간다. 이때 손이 몸에 닿지 않게 3센티미터 정도 거리를 둔다. 치유하려는 의도를 포함해서 어떤 생각을 하지 말고, 손의 에너지 느낌을 유지하며 치유가 필요한 부위에 마음을 두고 편안하게 호흡한다.

이렇게 하면 손의 감각이 깨어 있어서 에너지가 들고 나는 것을 느낄 수 있다. 의식을 집중한 곳으로 에너지가 자연스럽게 흐르기 때문에 치유가 필요한 부위로 에너지가 흐른다. 이것이 기공의 핵심이고 전부이다. 에너지 감각을 깨우고 집중된 의식으로 원하는 대상에게로 에너지를 흐르게 하는 것이다. 에너지를 활용하는 더 정교한 기술들을 배우고 익힐 수 있겠지만 기본은 여기에서 벗어나지 않는다.

좀 더 익숙해지면 몸의 여러 부위에 같은 방식으로 에너지를 보낼 수 있다. 그리고 다른 사람에게도 에너지를 전해줄 수 있다. 손의 에너지 감각을 깨우고 마음을 집중한 채, 치유가 필요한 사람의 몸 가까이 가져가서 같은 방식으로 에너지를 전해줄 수 있다.

이렇게 마음의 힘을 쓸 수 있으면 기공을 단지 자신이나 가까이 있는 대상만이 아니라 마음을 집중하는 어떤 대상에게도 마음의 힘으로 에너지를 보낼 수 있다. 한 사람이 여러 사람에게 보낼 수도 있고, 여러 사람이 한 사람에게 보낼 수도 있다. 그 대상이 반드시 사람이어야 하는 것도 아니고, 시간이나 공간의 제약이 있는 것도 아니다. 멀리 떨어져 있는 사람에게도 위로와 치유의 에너지를 보낼 수 있고, 당신이 이루고자 하는 목표를 향해서도 에너지를 보낼 수 있다. 더 나아가 한두 사람이나 몇 개의 대상이 아니라 지구와 지구에 사는 모든 사람과 모든 생명체, 존재하는 모든 것을 위해 축복과 치유의 에너지를 보낼 수도 있다.

마음은 정해진 크기가 없다. 무한히 커질 수도, 무한히 작아질 수도 있다. 마음이 움직이는 에너지도 마찬가지이다. 당신이 쓸 수 있는 에너지의 크기는 당신 마음의 크기에 달려 있다. 당신이 정말로 원하는 것은 무엇인가? 그것을 위해 얼마나 마음의 에너지를 쓰기를 원하는가?

혼자가 아니라 여러 사람이 같은 생각, 같은 느낌으로 에너지를 집중하면 그 힘은 천배, 만배로 커질 것이다. 1억 명 정도 되는 사람이 같은 꿈과 희망을 가지고 한 방향으로 행동했을 때, 그 에너지가 만들어내는 진동과 공명의 힘은 우리가 상상하는 것보다 훨씬 클 것이다. 평화로운 인류와 건강한 지구를 꿈꾸고, 그 꿈에서 희망과 설렘을 느끼고, 크든 작든 각자 할 수 있는 실천을 한다면 그렇게 모인 에너지는 지구 전체를 힐링할 만큼 클 것이다. 내가 상상하는 최고의 기공은 1억 명이 함께 지구를 힐링하는 것이다.

책에서 소개한 호흡, 장 건강을 위한 운동, 소식, 에너지 명상 등의 자연 건강법은 다른 사람의 도움 없이 혼자서도 누구나 할 수 있는 것들이다. 전문가에게 배울 필요도 없다. 내가 원하면 지금 당장이라도 바로 실천할 수 있다.

자연 건강 실천하기

1. 규칙적으로 운동하기 : 매일 30분 이상 좋아하는 운동(걷기, 조깅, 수영, 근력 단련, 요가, 태극권 등)을 한다. 장운동, 단전치기 등 장 건강을 위한 운동을 병행한다.

2. 균형 잡힌 식사하기 : 과일, 채소, 통곡물, 저지방 단백질, 건강한 지방을 포함한 음식을 골고루 섭취하되 소식한다. 가공식품과 설탕을 적게 먹고, 카페인이나 알코올을 과도하게 섭취하지 않는다.

3. 잠을 충분히 자기 : 7~9시간의 질 좋은 수면을 한다. 매일 일정한 시간에 잠드는 습관을 기르는 것이 좋다.

4. 마음 다스리기 : 명상으로 자신을 성찰하고 마음을 다스리는 훈련을 한다. 호흡 수련과 에너지 명상을 꾸준히 한다.

5. 스트레스 관리하기 : 운동, 명상, 호흡, 일기 쓰기, 음악 감상, 춤추기 등 취미 활동을 통해 자신만의 방식으로 스트레스를 해소한다.

6. 좋은 관계 맺기 : 친구, 가족, 직장 동료들과 의미 있는 관계를 맺는다. 동호회, 자원봉사, 그룹 활동 등에 참여하여 다른 사람들과 자주 교류한다.

7. 자연에서 시간 보내기 : 산책, 등산, 야외 활동 등 자연에서 시간을 보내며 자연의 아름다움을 즐긴다.

자연과 조화롭게 살기

"우리는 탄소발자국을 줄이고, 에너지와 물을 절약하며, 천연 서식지와 생물다양성을 보호하고, 자연과 조화롭게 살아간다."

우리가 공기 중에 떠다니는 부유물이 아니고서는 생존하는 데 대지든 해양이든 일정한 면적의 지표면이 반드시 필요하다. 서 있으려면 두 발바닥 크기의 땅이 필요하고, 앉기 위해서는 엉덩이와 발바닥만큼이 필요하다. 눕기 위해서는 몸길이만큼이 필요한데 침대에 누우려면 그보다 더 큰 면적이 필요하다. 아주 기본적인 생활을 위해서도 침대를 놓을 방과 요리할 부엌, 생리 현상을 처리할 화장실은 필요하다. 생존과 생활을 위한 물자를 생산하기 위해서는 곡물을 키울 농지와 가축을 키울 목초지, 목재를 채취할 삼림과 물고기를 잡을 수 있는 어장, 공장을 짓고 물품을 생산할 대지와 같이 훨씬 많은 면적이 추가되어야 한다.

이처럼 우리가 삶을 유지하는 데 필요한 지표 면적 크기의 총합을 보통 '생태발자국'이라 표현한다. 현재 전 세계의 인구를 기준으로 계산하면, 생태발자국의 크기는 이미 지구의 1.75배라고 한다. 지금의 중국과 인도가 그랬던 것처럼 경제 개발의 후발 주자들이 모두 현재의 선진국과 같은 소비 수준에 도달하는 것을 목표로 한다면, 그 크기는 지구의 5배 이상으로 늘어난다. 인간의 발자국이 지구보다 크다면 우리는 어디에 서 있어야 할까?

생태발자국은 우리가 환경에 미치는 영향을 가시화하기 위해 실제 필요한 공간의 크기로 표현한 개념이지만, 보다 포괄적으로는 인간의 활동이 자연환경에 미치는 광범위한 영향을 모두 포함한다. 다양한 생물의 자연 서식지 축소, 생물다양성 감소, 현재 가장 중요한 이슈로 떠오른 이산화탄소 배출량 등이 여기에 포함된다.

탄소발자국 줄이기

생태발자국의 중요한 요소로서 인간의 활동으로 대기로 방출되는 이산화탄소의 총량을 '탄소발자국'이라 표현한다. 인간의 탄소발자국은 산업화 이후로 급격하게 증가하였고, 그 결과가 현재의 기후변화를 일으키는 주요 원인으로 알려져 있다. 이 문제에 관한 국제적인 논의와 합의를 위해 2015년 프랑스 파리에서 196개국의 대표가 참석한 가운데 환경정상회의가 열렸고, 의미 있는 합의문를 끌어냈다. 그러나 이산화탄소 배출량이 가장 많은 미국과 중국을 비롯한 주요 참가국의 불이행과 협약 탈퇴로 흐지부지되고 말았다.

공식 기록을 기준으로 지구 대기 중 이산화탄소 농도는 2013년 400ppm을 넘어섰고, 현재 수준은 420ppm이다. 잘 알려진 것처럼 지구의 온도는 주기적으로 오르고 내리기를 반복해왔다. 이러한 변화 과정에서 과거에 지구 대기의 이산화탄소 농도와 대기 온도가 지금보다 더 높았던 때도 있었다. 현재와의 차이는 당시는 몇천 년 혹은 몇만 년에 걸쳐 서서히 일어난 변화였다면, 지금은 산업화 이후 불과 2~3백 년도 안 되는 아주 짧은 기간에 일어난 변화라는 점이다. 화석 기록을 바탕으로 추정했을 때, 지구의 대기 중 이산화탄소 농도가 이 수준에 이르렀을 때는 지금으로부터 약 3백만 년 전이었다. 당시 지구의 온도는 현재 우리가 기준으로 삼는 산업화 이전 대기 온도보다 2~3도 정도가 높았다.

이것은 지금 당장 전 세계가 탄소 배출량 0을 실천한 다고 해도, 이미 대기 중에 존재하는 이산화탄소만으로도 대기 온도가 희망 수준인 1.5도가 아니라 그보다 훨씬 더 높아질 수 있음을 의미한다. 최대한 빨리 탄소 배출량 제로를 달성하고, 숲과 대지와 해양의 이산화탄소 흡수를 통한 자연 감소와 우리의 노력이 합쳐진다면 대기 온도의 상승 폭을 줄일 수 있다. 만약 그렇게 하지 못해 2도 수준에 이르게 되면, 다른 연쇄 효과들로 온도 상승이 가속하여 대멸종 사태를 초래할 6도 이상으로까지 상승하는 것을 막을 수 없을 것이라고 기상학자들은 경고한다.

이산화탄소 배출을 줄이기가 왜 그렇게 어려울까? 이산화탄소는 유해한 폐기물이나 오염물질이 아니다. 우리와 분리할 수도 없다. 생명을 유지하기 위한 가장 기본적인 활동이 숨을 쉬는 것이다. 그렇게 숨만 쉬어도 만들어지는 공기 성분 중 하나가 이산화탄소이다. 지금 우리는 탄소 기반 경제 안에서 살고 있기에 인간의 거의 모든 생산 활동은 필연적으로 이산화탄소를 배출할 수밖에 없다. 달리 말하면 삶의 방식을 바꾸지 않고 지금 하는 것들을 그대로 하면서 이 문제를 해결할 수는 없다.

이 문제에 대응하는 아주 단순하고 효과적이며 지속 가능한 방법은 생활 속에서 낭비를 없애는 일이다. 지구를 위해서 기업이 스스로 생산과 판매를 줄이고 이익을 포기하기를 기대하기는 어렵다. 결국 이 변화를 주도할 힘은 개인들, 소비자들이다. 불필요한 소비를 없애고, 있는 것들을 재사용하거나 재활용하고, 잘 안 쓰는 물건들은 다른 사람이 사용할 수 있게 내놓는 실천이야말로 가장 강력하고 효과적인 대응 방법이다. 이러한 실천을 했을 때 효과는 단순히 탄소발자국을 줄이는 데서 그치지 않는다. 우리 삶을 여유롭게 하고, 환경을 건강하게 바꾸며, 공동체를 더 안전하고 온정 있고 지속 가능하게 만든다.

물건의 생산과 소비만이 아니라 에너지 사용을 줄이는 것도 매우 중요하다. 현재 에너지를 얻는 방법에는 화석연료 외에도 태양열, 풍력, 조력, 원자력 등 여러 가지가 있다. 하지만 현재 우리가 사용하는 에너지의 80% 이상은 화석연료를 연소시켜서 얻는다. 단순히 자동차를 모는 것만으로도 가솔린 엔진을 장착한 중형차는 1km 당 약 192g의 이산화탄소를 배출한다. 2022년 한국교통안전공단이 발표한 자료에 따르면, 자동차 한 대당 하루 평균 주행거리는 36.5km인데, 자동차 한 대가 하루에만 6.9kg의 이산화탄소를 배출하는 셈이다. 냉난방에 들어가는 에너지도 대부분은 탄소를 태워서 만들기 때문에 이 과정에서 이산화탄소 배출은 불가피하다.

에너지 절약을 위해 우리가 생활에서 조금만 마음을 쓰면 실천할 수 있는 것들이 많다. 여러 업무를 하나로 묶어서 자동차 사용 횟수를 줄여보자. 광센서나 동작센서 등을 사용해 불필요하게 전등이 켜지지 않게 할 수도 있다. 냉난방의 온도 설정을 너무 낮거나 높지 않게 적정하게 유지하는 것도 어렵지 않게 할 수 있다.

온실가스와 지구 대기의 온도 상승과 관련하여 많은 연구가 진행 중이고, 여러 새로운 기술도 개발 중이다. 대기 중의 탄소를 포집하여 땅속에 저장하는 방법이나 대기권 상층에 반사율이 높은 금속 가루를 뿌려 대기로 유입되는 태양 빛의 조사량을 줄이는 아이디어가 그 예이다. 아이러니한 것은 이러한 논의를 하면서 동시에 지금 이 순간에도 열대우림을 포함한 자연 녹지들을 계속 파괴하고 있다는 사실이다.

대기 중 이산화탄소량을 줄이는 가장 안전하고 지속 가능한 방법은 녹지를 잘 가꾸고 더 늘리는 것이다. 아마존 같은 열대우림에만 적용하는 것이 아니다. 우리 집 마당에 나무를 몇 그루 더 심는다거나 아파트 단지에 녹지를 더 조성하는 등 우리가 살아가는 어디에서든 가능한 변화이다. 이는 우리 생활환경을 건강하게 하는 데도 도움이 된다. 녹지가 대기 온도를 조절하는 효과적인 시스템이라는 것은 이미 수십억 년 지구의 역사가 증명한 사실이다.

물 아껴 쓰기

이산화탄소 배출량 줄이기와 함께 현재 환경 위기에 대응하기 위한 필수적이고 효과적인 실천은 물을 아껴 쓰는 일이다. 지표 면적의 70%는 물로 덮여 있고, 지구에 존재하는 물의 총량은 변화가 없다. 그래서 지역적인 가뭄 외에 전 지구적으로 물 부족 현상이 생기는 것은 불과 반세기 전만 해도 생각하기 어려운 일이었다. 지구에 존재하는 물 중에 담수의 형태로 존재하는 것은 3% 정도밖에 되지 않는다. 그중에 3분의 2는 빙하의 형태로 보존되어 바로 생활용수로 사용할 수 없다. 달리 말하면, 1%의 물을 전 세계 인구가 나눠 쓰고 있는 셈이다. 이 정도의 양으로도 지구의 물순환이 정상적일 때는 크게 문제가 되지 않았다. 하지만 대기와 해수의 온도 상승이 지구의 물순환을 교란하여 극심한 가뭄과 파괴적인 홍수처럼 극단적인 기후 패턴이 반복되면서 이용 가능량이 줄어들고 있다. 극단적인 기후로 물이 대지에 머무는 시간이 줄어들면서 지하수 유입량이 줄어들고 있다. 동시에 생활용수를 지하수에 더 많이 의존하면서 지하수 고갈이라는 최악의 상황도 여러 곳에서 발생하고 있다.

통계에 따르면 현재 전 세계 인구의 약 10%가 깨끗한 식수를 얻을 수 없고, 물 부족을 겪고 있는 인구는 27

억 명이나 된다. 현재 추세대로라면 2025년에는 세계 인구의 3분의 2 이상이 물 부족을 겪을 것으로 예상한다.

물순환의 교란으로 담수가 부족해지는 문제는 사람들을 위한 생활용수 부족에만 그치지 않는다. 생태계 파괴, 대규모 전염병, 식량 생산 감소 등 더 크고 장기적인 문제들을 야기한다. 우리가 같은 공기를 마시고 호흡하는 것처럼 지구의 거대한 물순환에 참여하지 않은 사람은 아무도 없다. 그렇기에 시간의 늦고 빠름은 있을지 몰라도 물순환의 교란과 물 부족의 영향을 받지 않을 사람은 아무도 없다.

미국에서는 캘리포니아, 네바다, 애리조나를 비롯한 여러 주에서 물 사용을 제한하는 다양한 조처를 하고 있다. 새로 집을 지을 때 조경용 잔디밭을 만들지 못하게 한다. 집에서 세차를 금하고, 정원에 물주는 시간을 제한하는 정책도 시행 중이다.

에너지 사용과 마찬가지로 물 사용도 우리가 조금만 마음을 쓰면 줄일 방법이 많다. 세면대에 물을 받아서 세수하기, 양치질할 때 컵 사용하기, 샤워 중 몸에 비누칠

할 때 물 잠그기 등이 그러한 예이다. 이처럼 새로운 기술이나 장비를 도입하는 데 비용을 지불하거나 삶의 질을 떨어뜨리지 않고도 물 사용을 줄이고, 필요한 곳에 균형 있고 효과적으로 물을 활용할 수 있는 방법은 많다. 특별한 지식이나 기술이 필요치 않은, 약간의 주의를 기울이는 것만으로도 충분히 실천할 수 있는 것들이다.

생물다양성 보호하기

온실가스 배출량 증가와 대기 온도 상승과 더불어 우리가 관심과 노력을 기울여야 하는 중요한 일은 종種 다양성을 보호하고 증진하는 것이다. 생물다양성의 감소는 기후변화와 더불어 현재 우리가 직면하고 있는 중요한 환경문제 중 하나이다. 이 가운데 일부는 주요 곡물이나 과일처럼 생산량을 증대하기 위해 의도적으로 몇 가지 개량된 품종을 선택적으로 재배하면서 결과적으로 다른 품종들이 도태한 것이기도 하다. 그 예로 바나나는 겨우 한두 종이 전 세계 시장을 석권하고 있다. 콩이나 밀 같은 주요 작물도 상황은 비슷하다. 기계와 화학약품을 사

용한 단일경작으로 이러한 개량 품종을 재배함으로써 토
양이 유실되고 피폐화하는 문제가 발생하고 있다. 이 품
종들이 방어력을 갖추지 않은 병충해가 발생할 경우, 생산
량이 크게 줄어 세계적인 식량 위기가 닥칠 위험도 있다.

이보다 더 심각한 생물다양성의 감소는 우리 눈에 잘
보이지 않는 곳에서 우리가 의도하지 않은 행동을 통해
숲속에서, 땅속에서, 하천과 바닷속에서, 세계 곳곳에서
일어나고 있다. 생태계의 가장 맨 아래에 위치한 토양 속
의 박테리아나 곰팡이 같은 미생물, 바닷속 플랑크톤에
서부터 최상위 포식자인 고래나 호랑이에 이르기까지.
수많은 생물종이 인간의 활동으로 발생한 자연의 변화로
심각한 위협을 받고 있다.

현재 지구상에 존재하는 생물종의 수는 약 800만 종으
로 추정한다. 환경의 변화로 이 가운데 많은 종이 사라지
기도 하고 동시에 새로 생겨나기도 한다. 많은 사람의 관
심과 사랑을 받는 호랑이나 고래, 코뿔소, 판다 같은 동
물은 특별한 보호를 받고 있다. 하지만 사실 이들은 현재
의 환경 변화로 개체수가 줄어든 동식물들의 극히 일부

에 지나지 않는다. 수많은 종이 우리의 관심 밖에서 사라져가고 있다.

생물다양성에 관한 여러 보고서에 따르면, 현재 약 15,000여 종이 멸종 위기에 처해 있다고 한다. 생태계가 항상 변화하고 생물종도 계속 바뀌기 때문에 정확한 멸종 비율을 계산하기는 쉽지 않다. 하지만 과학자들은 화석 기록을 기준으로 판단할 때, 자연 상태에서의 멸종 비율은 연간 백만 종 가운데 한 종이라고 본다. 이를 기준으로 하면, 현재 생물종이 사라지는 속도는 자연 멸종률의 천 배가 넘는 수준이다.

생물다양성은 생태계의 그물을 촘촘하게 하고, 충격이 발생했을 때 회복탄력성을 높여준다. 지구상 포유류 동물의 총 생체 중량을 비교한 결과는 현재 생태계 그물이 얼마나 성긴지, 인간이 이러한 결과에 얼마나 크게 기여했는지 극명하게 보여준다. 인간이 지구상에 처음 출현했을 때는 먹이와 서식지를 두고 경쟁하는 수많은 포유류 중의 하나였다. 하지만 현재 지구상 포유류들의 총 생체 중량 중 인간이 차지하는 비중은 34%로 모든 포유류

중 가장 많다. 인간이 사육하는 가축의 총 비중은 62%를 차지한다. 인간과 가축을 합치면 96%가 된다. 자연 속에 살아남은 야생 포유류는 4%밖에 되지 않는다.

이 모든 생물종과 이들이 사는 환경으로 만들어진 생명 그물은 우리가 다 헤아리지 못할 만큼 광대하고 복잡하다. 이 복잡한 그물망에서 한 생물종이 다른 생물종에 어떤 영향을 미치는지 다 알지 못한다. 우리가 할 수 있는 최선은 인간에게 미치는 손익을 기준으로 이 그물을 파괴하거나 바꾸지 않는 것이다. 대신 이 생명 그물망을 존중하고 보호하며 우리가 미치는 영향력을 최소화할 방법을 찾는 것이다. 이것은 멸종 위기종 동물들을 보호하는 활동에만 국한하지 않는다. 농사를 비롯하여 생활 전반에서 이루어져야 한다. 화학약품 사용과 생활폐기물을 줄이고, 재활용률을 높이고, 비료화처리(오염 물질을 포함한 진흙과 쓰레기를 혼합하여 퇴비로 처리하는 일)를 철저히 실천하는 것도 모두 도움이 되는 일들이다.

자연과의 공생 실천하기

1. 에너지 절약하기 : 안 쓰는 불은 끄고, 절전에
   도움 되는 LED 전구를 쓴다. 적정 실내 온도
   (여름 26~28℃, 겨울 18~20℃)를 고려해 온도를
   조절하고, 난방 온도는 2℃ 낮추고 냉방 온도
   는 2℃ 높인다. 안 쓰는 가전제품의 플러그를
   뽑아둔다.

2. 물 아껴 쓰기 : 새는 수도꼭지는 바로 고치고,
   절수 수도꼭지나 샤워기를 설치한다. 빗물을
   모아 화단에 사용하고, 설거지통과 양치 컵을
   사용하며, 샤워 시간을 줄인다.

3. 친환경 교통수단 사용하기 : 가까운 거리는 걷
   거나 자전거를 타고, 대중교통을 자주 이용한
   다. 차를 사야 한다면 전기차나 수소차, 하이브
   리드 차를 고려한다.

4. 일회용품 안 쓰기 : 일회용 비닐봉지나 플라스

틱 컵 사용을 최소화한다. 텀블러나 장바구니 사용을 생활화하고, 중고 제품을 활용한다. 배달 음식을 주문할 때 일회용 수저, 포크를 받지 않는다.

5. 아껴 쓰고 재활용하기 : 물건을 아껴가며 오래 사용한다. 잘 안 쓰는 물건은 쓰임새가 다하기 전에 중고 거래를 하거나 나눈다. 재활용을 위한 분리배출을 실천한다.

6. 음식 낭비 줄이기 : 미리 계획을 세운 후 장을 보고, 식재료가 상하지 않게 잘 보관한다. 외식 후 남은 음식은 다회용 용기에 싸온다. 음식물 쓰레기는 분리해서 버리거나 퇴비로 활용한다.

7. 지역 농산물 이용하기 : 지역 내에서 생산한 농·축·수산물을 지역 시장이나 매장에서 구입한다. 텃밭이나 화분을 이용해 채소를 직접 키운다.

8. 야생동식물 보호하기 : 산이나 강, 바다에 쓰레

기를 버리지 않는다. 야생동식물을 훼손하지 않는다. 천연 서식지를 보존하는 단체나 멸종 위기에 처한 동식물을 보호하는 기관을 후원한다.

9. 정기적으로 어스 아워Earth Hour(지구를 위한 소등) 실천하기 : 매달, 매주, 매일 시간을 정해 일정 시간 소등한다. 그 외에 물 아껴 쓰기, 쓰레기 줄이기, 퇴비 만들기, 나무 심기, 환경운동 후원하기 등을 실천한다.

평화와 공생의 문화 증진하기

"우리는 서로 다른 문화와 종교, 국가 간의 대화와 존중, 이해를 증진하며 조화로운 공생의 문화를 창조한다."

지금 우리가 직면한 지구의 위기는 한 개인이나 단체,

한 국가의 힘으로 해결할 수 없는 일이기에 국제적인 연대와 협력이 꼭 필요하다. 이러한 연대와 협력에 걸림돌이 되는 것은 기술이나 지리적 거리가 아니다. 강은 국경을 가로질러 흐르고, 가뭄이나 홍수도 국경을 가리지 않는다. 환경은 이미 처음부터 서로 이어져 있었고, 기술은 오히려 연대와 협력을 도와주는 강력한 수단이다. 연대와 협력을 가로막고 있는 것은 협소하고 단기적인 정치 경제적 이익을 둘러싼 집단적 이기주의이다. 그리고 그러한 집단적 정체감의 뿌리가 되는 오래된 관습과 관념이다.

그중 가장 완고하고 바꾸기 어려운 것이 종교적인 관습과 관념이다. 아마도 세상에서 가장 무익하고 비생산적인 논쟁은 종교 논쟁일 것이다. 어느 종교가 더 진리라든가, 어느 신이 참된 신이라든가 하는 논쟁은 한쪽이 다른 쪽을 무력으로 굴복시키지 않는 한 논쟁으로 해결할 수 없는 주제이다. 그런데 무력은 문제를 해결하는 것이 아니라 더 큰 원한과 피의 보복으로 이어지는 것을 역사에서 수없이 목격하였다.

차이를 해결하는 유일한 방법은 차이를 없애는 것이 아니라 차이를 인정하는 것이다. 그러한 점에서 오히려 지금의 환경 위기는 분명 위험이지만 동시에 기회이기도 하다. 종교적 신념이나 문화적 관습의 차이를 떠나 모든 나라가 반드시 대화할 수밖에 없는 상황을 만들고 있기 때문이다. 당면한 문제 해결을 위해 차이를 인정하고 대화하다 보면 입장의 차이가 있음에도 연결고리가 만들어질 수 있다. 그 과정에서 서로를 이해하고, 같이 일하면서 신뢰의 기반을 만들어갈 수 있기 때문이다. 이런 과정 속에서 차이를 존중하며 사는 것에 익숙해지고, 차이를 적대적인 모순이 아닌 다양성으로 이해하고 받아들일 수 있다.

공생을 가능하게 하는 가장 중요한 기본 요소는 '지구'라는 공통의 가치이다. 이는 상식을 갖추고 이성적으로 판단하는 사람들에는 이제 이견의 여지가 없을 만큼 분명해졌다. 모든 사람, 모든 국가, 모든 공동체에 적용되는 공통의 가치가 바로 지구이기 때문이다. 지구가 공통의 가치라는 것은 지금에 와서 그렇게 된 것이 아니라 예전에도 그러했다. 다만 그 가치가 위협받지 않았기에 또는 위협받고 있다는 사실을 분명하게 인지하지 못했기에 그만한 관심과 비중을 두지 않았을 따름이다.

하지만 지금은 그 가치가 심각한 위험에 처해 있다. 우리는 지구라는 공통의 가치가 허물어지면 개인의 성공, 가족의 안녕, 공동체나 기업의 성장, 국가의 발전 등 우리가 중요하게 여기는 다른 모든 가치의 존립 기반이 사라진다는 것을 알고 있다. 그렇기에 모든 가치의 중심에 있는 지구를 보존하기 위해 각자의 차이에도 불구하고 대화하고 협력할 수 있다. 아니, 그렇게 해야 한다.

공생의 원칙은 아주 간단하다. 나와는 다른 생각을 가진 사람도 더도 말고 덜도 말고 꼭 나만큼 이 세상에 존재할 가치와 권리를 가지고 있다는 사실을 인정하고 받아들이는 것이다. 사소한 문화적 취향이나 정치적 성향까지 모든 것이 달라도 나와 상대방이 공유한 공통의 가치가 있고 그것이 바로 지구라는 것을 인정하는 것이다. 이것이 공생의 원칙이고, 신인류의 상식이다.

평화와 공생을 위해 실천하기

1. 다른 사람에게 친절하기 : 모든 사람을 차별 없이 존중하고, 공감과 자비심으로 친절하게 대한다.
2. 자신에게 친절하기 : 자신을 소중히 여긴다. 자신에게도 공감, 용서, 자비, 친절을 베푼다.
3. 다양성 존중하기 : 문화, 종교, 견해, 시각의 차이를 인정하고 받아들이며 고정관념과 편견으로 다른 사람을 배척하지 않는다.
4. 적극적으로 듣기 : 다른 사람의 말을 가로막거나 분별하지 않고 진심으로 귀 기울인다. 호기심과 열린 마음으로 상대방의 생각, 감정, 경험에 관심을 갖는다.
5. 마음을 써서 말하기 : 자신의 말과 행동이 다른 사람에게 미치는 영향에 주의를 기울인다. 상처나 모욕을 주는 말을 피하고, 주위 사람들을

격려하고 응원한다.

6. 용서하기 : 자신이나 다른 사람에게 원한이나 분노를 품은 채 살지 않는다. 상대방의 입장을 이해하려고 노력한다.

7. 폭력과 차별에 맞서기 : 자기 자신과 다른 사람이 받는 차별, 폭력, 학대에 맞서고 피해자를 지원한다. 존중과 포용의 문화를 만들기 위해 노력한다.

8. 자원봉사나 사회 활동에 참여하기 : 공생에 도움이 되는 지역 사회의 프로젝트, 이벤트, 문화 교류 프로그램에 참여한다. 다양한 사회적, 문화적, 종교적 배경을 가진 사람들과 교류한다.

9. 소셜미디어 활용하기 : 소셜미디어를 통해 선한 영향력을 행사한다. 평화와 공생의 메시지를 공유하고, 서로를 응원한다. 차별과 폭력, 편견을 퍼뜨리지 않는다.

책임 있게 소비하고, 지속 가능한 개발 지원하기

"우리는 기술을 지혜롭게 사용하며, 책임 있게 생산하고 소비하고 투자함으로써 지속 가능하고 공정한 경제 발전을 돕는다."

친환경 제품과 환경 친화적 서비스, 탄소발자국 줄이기 등 지속가능성을 고려한 경영 원칙은 이제 거의 모든 비즈니스에 요구하는 상식이 되어가고 있다. 이러한 조건을 충족하지 못하는 상품이나 사업체는 소비자의 선택을 받기가 점점 어려워지고 있다.

이러한 변화의 원동력은 기업가가 아닌 환경 친화적인 제품과 서비스와 기업을 선호하는 소비자의 선택이다. 그래서 매우 고무적이고 희망적이다. 개인의 선택이 얼마나 큰 영향력을 발휘할 수 있는지 보여주기 때문이다. 더욱이 이러한 선택은 선거처럼 정치적 이해관계에 따라 조직적으로 이루어진 것이 아니다. 가게에서 물건을 고를 때 상표를 한 번 더 들여다보고 원산지나 재료, 제조 방법 등을 관심 있게 살펴보는 아주 개인적인 행동으로 이루어진다.

그 선택은 지구를 지킨다는 거창한 대의가 아니라 개인적인 이익을 목적으로 할 때가 많다. 예를 들어 천연 소재의 의류나 유기농 제품을 선택할 때 우리는 여러 상품 중에서 몸에 덜 해로운 종류를 찾는다. 하지만 그 목적과 상관없이 선택의 힘은 발휘된다. 물건을 고르고, 계산대에서 바코드가 읽힐 때마다 내가 던진 한 표 한 표가 기록된다. 그 기록을 바탕으로 기업은 소비자의 선호를 파악하여 특정 상품의 생산을 늘리거나 줄이고, 단종하거나 새로 출시한다.

소비자들의 선택과 평가가 사업 성패에 절대적인 영향을 미치기에 지금의 시장에서 소비자의 선호에 무관심할 만큼 간이 큰 사업체는 없다. 단지 자신의 이익을 위해서 한 선택이고, 조직화한 것이 아닌데도 그 선택은 기업을 바꾸고 시장을 바꾸는 데 힘을 발휘한다. 이 선택의 힘이 공통의 목표를 중심으로 조직화된다면 그 대상이 상품이든, 기업이든, 단체이든, 정부이든 우리가 바꾸지 못할 것은 없다.

선택의 힘은 식료품이나 의복, 전자제품 같은 소비재 상품에만 적용되는 것이 아니다. 우리가 그보다 훨씬 자주 선택하면서도 선택의 힘을 제대로 사용하지 못하는 영역이 있는데, 바로 정보이다. 내가 어떤 사진, 영상, 뉴스를 클릭하고 터치하느냐에 따라, 어떤 게시물에 더 오래 머물렀는지에 따라 내게 노출되는 정보가 달라진다. 그러한 다수의 선택에 따라 인터넷 전체의 콘텐츠 종류와 기술의 발전 방향도 달라진다. 흔히 빅테크로 불리는 정보 기술 대기업의 영향력이 매우 커서 개인이 대응할 힘이 없다고 생각할지 모르겠지만, 사실은 그 반대이다. 빅테크는 사람들의 관심이 필요하고, 관심을 끌기 위해 온갖 노력을 다하고 있다. 빅테크에 힘을 부여하는 것은 첨단 기술이 아니라 우리들이다.

우리에게 제공되는 모든 정보는 사실 같은 목적을 가지고 있다. 관심을 끄는 것이다. 사냥이나 낚시할 때 사용하는 미끼나 좀 더 심하게 말하면 사육하는 동물에게 먹이를 주는 것과 크게 다르지 않다. 계속 먹이를 던져서 그곳에 머물게 하고, 더 많은 정보를 소비하게 하고, 상품을 구매할 가능성을 높이는 것이다.

그렇기 때문에 우리가 물건을 살 때처럼 정보를 조금만 더 의식적으로 소비해도 큰 변화를 만들 수 있다. 정보를 의식적으로 선택하는 것과 더불어 간단하면서도 더 강력한 행동은 디지털 기기 사용 시간 자체를 줄이는 것이다. 그 대신 산책하고, 요리하고, 이웃을 만나 대화하는 시간을 갖는 것이다. 이는 개인 건강에 도움이 되고, 공동체의 연대감을 키워주며, 데이터센터의 에너지 사용도 줄여서 지구에도 도움이 되는 일석삼조의 방법이다. 만약 디지털 기기 사용 시간 줄이기가 유행처럼 번지면 어떤 일이 벌어질까? 예를 들어, 모든 사용자가 단 하루만 특정 플랫폼 사용을 중단해도 그 기업은 공황에 빠질 것이다. 단지 그 하루가 문제가 아니라 각성한 소비자들의 조직화한 선택이 무엇을 할 수 있는지를 보여주기 때문이다.

우리는 의식적인 선택의 힘을 상품이나 정보의 소비뿐 아니라 지지할 후보나 정당, 직장이나 거주지 선택 같은 더 중요한 일에도 적용할 수 있다. 선택의 힘은 언제나 존재했다. 달라져야 할 것은 선택의 힘을 의식적으로 사용하는 것이다. 단기적이고 협소한 개인의 이익이 아니라 나도, 다른 사람도, 지구에도 좋은 것이 무엇인가를 기준으로 선택하는 것이다. 이러한 선택을 통해서 우리는 기업이나 지역공동체, 국가가 지속가능성을 기반으로 투자와 개발을 하고 정책을 세우도록 영향력을 행사할 수 있다.

지속가능성을 실행하게 만드는 중요한 요건은 공정성이다. 한 공동체 내에서든 국제사회에서든 기후변화와 환경의 피폐화로 가장 크게 고통받는 부류는 소득과 소비가 많은 개인이나 경제가 발달한 국가가 아니다. 다시 말해, 탄소발자국을 크게 남겨 기후변화에 큰 영향을 미친 사람들이나 국가가 아니다. 오히려 탄소발자국이 작아 기후변화에 미치는 영향이 가장 미미했던 사람들이나 국가이다. 기본 생활환경이 매우 열악하고, 기후변화에 대응하는 시스템도 갖추지 못해 그 혜택을 받지 못하는 사람들이다. 한마디로 현재 기후변화의 결과는 본질적으로 불공정하다.

글로벌 카본 프로젝트Global Carbon Project(세계 각국의 탄소 배출량을 추적하는 국제 과학자 그룹)가 발표한 자료에 따르면, 2021년을 기준으로 국가별 연간 이산화탄소 배출량은 중국, 미국, 인도, 러시아 순서로 많다. 그런데 1인당 연간 배출량을 기준으로 하면 미국은 14.86톤인데 비해 중국은 미국의 절반 수준인 8.05톤이고, 인도는 미국의 8분의 1 수준인 1.93톤에 지나지 않는다. 한국은 11.89톤으로 동아시아 국가 중 가장 높다. 세계 평균은 4.69톤이다.

권역별 비교에서도 차이는 확연하다. 북미, 유럽, 동아시아 등 고소득 국가의 인구는 세계 인구의 16%이지만 탄소 배출량은 38%를 차지한다. 반면 아프리카와 남미, 동남아시아의 저소득 국가들은 세계 인구의 50%에 해당하지만, 이들 국가에서 배출하는 탄소량은 전 세계 탄소 배출량의 14%밖에 되지 않는다.

이 불공정한 결과의 가장 불리한 쪽에서 살아가는 개인이나 집단이 가장 큰 피해를 받고 있고, 그 피해를 누구보다 잘 알고 있지만, 현재의 삶의 조건으로는 지속가능성을 위한 실천에 참여하기도 어렵다. 결과적으로 지구 차원의 지속가능성을 이루는 데 장애가 된다. 그렇기 때문에 지구의 지속가능성을 달성하기 위해서는 지속 가능한 개발과 성장 계획과 전략 속에 공정성이 반드시 확보되어야 한다. 이 역시 경제적으로 약자이고 고통받고 있는 개인이나 나라가 스스로 해결하도록 맡겨둘 문제가 아니다. 양심 있는 소비자와 자신의 선택으로 더 공정하고 지속 가능한 세계를 만들려는 모든 이들이 함께 만들어야 할 변화이다.

책임 있는 소비와 지속 가능한 개발을 위해 실천하기

1. 디지털 기기 사용 시간 줄이기 : 디지털 기기를 오래 사용하는 것이 정신건강에 해롭다는 것을

인식한다. 디지털 기기 사용 시간을 줄이고, 하루 중 컴퓨터와 핸드폰을 사용하지 않는 시간을 정해둔다.

2. 오프라인 활동 우선하기 : 모니터나 휴대전화의 스크린을 사용하지 않는 오프라인 활동에 우선순위를 둔다. 그 시간에 대면 활동, 운동, 산책, 책 읽기 등을 하며 건강한 라이프스타일을 유지한다.

3. 전자제품 오래 쓰고, 재활용하기 : 기기를 친절하게 다루고 잘 관리해서 오래 사용한다. 고장났다고 새것을 사기 전에 고쳐 쓰고, 싫증이 나거나 유행이 지났다고 버리지 말고 중고장터를 이용해 재활용한다.

4. 책임 있게 투자하기 : 자신의 투자가 미치는 사회적, 환경적 영향을 고려한다. 지속 가능한 미래를 위해 사회적 책임을 다하는 회사에 투자한다.

5. 순환 경제 지원하기 : 친환경 기업에서 운영하

는 재활용, 자원 회수 프로그램에 참여한다. 버려진 제품에 가치를 더해 새 제품을 만드는 업사이클링 브랜드를 지원한다.

6. 친환경 상품, 기업 지원하기 : 생활의 모든 영역에서 친환경 제품을 선택하고, 친환경 정책을 진정성 있게 실천하는 브랜드와 기업을 지원한다.

7. 지역 경제, 공정무역 지원하기 : 지역에서 생산한 농축수산물, 공산품을 애용한다. 생산자에게 공정한 보상을 제공하고, 생산지의 생태 환경 보전과 지속 가능한 발전에 힘쓰는 공정무역 브랜드와 기업을 지원한다.

교육, 연대, 참여

"우리는 변화의 시급성, 실천의 기회, 성공 사례를 널리 알리고 다른 사람들이 지구를 살리는 노력에 동참하도록 격려한다."

하루하루의 일기 변화와는 달리 기후변화는 지구라는 거대한 시스템과 우리의 감각 스케일의 차이로 쉽게 감지하지 못할 수 있다. 예를 들어 건조한 지역은 환절기에 일교차가 20~30도를 넘나들 때도 있다. 이러한 변화에 우리의 대응도 매우 즉각적이어서 조금만 더우면 냉방을 가동하고, 조금만 추우면 난방을 가동한다. 그래서 1도나 1.5도, 2도와 같은 변화가 하루 이틀도 아니고 몇십 년, 몇백 년에 걸쳐 일어날 때는 감각으로 인지하기가 어렵다. 지구는 거대한 시스템이고, 이러한 변화는 서서히 일어나기에 감지하기 어렵고, 무관심하기 쉽다. 한편, 한 번 변화가 시작되면 되돌리기도 그만큼 어렵다. 만약 이 변화가 우리가 감각으로 인지할 만한 수준이 되면 이미 너무 늦은 상황일 것이다. 마치 물의 온도가 점점 올라가는지도 모르고 냄비 속에 있다가 서서히 익어서 죽는 개구리처럼.

기후 온난화, 오존층 감소 등 대기 변화가 주목받고

대중적으로 이슈가 되기 시작한 것은 1980년대 후반이다. 그때 이후로 최근 기후변화에 관한 정부 간 협의체(IPCC)의 6차 보고서를 통해 전 세계 모든 나라의 정부가 공인하기까지 30년이 넘게 걸렸다. 이 30년은 기후변화에 대응하는 실질적인 행동을 하기보다는 공통된 인식에 도달하기 위해 대화하고 논쟁하고 설득하는 기간이었다.

파리협정에서 합의한 온도 상승 제한 1.5도는 대단히 힘든 목표이다. 그 수준을 목표로 하고 온갖 노력을 다한다 해도 지구의 기후처럼 거대하고 복잡한 시스템이 바로 반응하지는 않기에 현실적으로는 2도 수준까지 올라갈 것이라고 전문가들은 예측한다. 이처럼 기온 상승을 2도 수준으로 방어하려면, 지금 바로 변화를 위한 구체적인 실천이 전 세계 곳곳에서 동시에 일어나야 한다. 만약 앞으로의 30년을 이전의 30년처럼 토론과 합의서 수정으로 보낸다면, 지구의 대기 온도는 2.5도 혹은 그 이상으로 상승할 것이다. 그 결과는 우리가 감당하기 어려운 대재난이 될 것으로 예측한다.

변화를 끌어내기 위해서는 때로는 자신의 신념이나 가치 체계를 수정하고, 때로는 내가 누리고 있는 것들을 양보하고 포기해야 할 수도 있다. 그렇기에 이 변화는 기업가나 정치가들이 자발적으로 시작할 것으로 기대하기는 어렵다. 문제의식과 실천 의지가 있는 소비자, 유권자가 먼저 행동해야 한다. 사회 전반의 변화를 요구하는 소비자와 유권자의 목소리가 커질 때, 비즈니스와 정치에도 변화가 일어날 것이다.

그런데 아직 많은 사람이 기후변화에 대해 잘 알지 못하거나 심지어 무관심하다. 특급 태풍이 닥치거나, 이례적인 폭우나 폭염이 나타나거나, 주먹만 한 우박이 쏟아지면 그제야 걱정한다. 그러다가 며칠 지나면 금방 잊어버려 기후변화에 대응하기 위한 행동과 실천으로 이어지지 못한다.

지구의 기후변화 위기에 대응할 행동의 주체는 모든 사람이다. 스스로가 지구의 미래임을 자각하고, 지속 가능한 지구를 만드는 것을 개인적인 책임과 우선순위로 받아들인 사람이다. 지구를 모든 가치의 기반이 되는 중심 가치로 인정하고, 지구시민을 자신의 가장 근본적인 정체성으로 인정하는 사람이다. 지구를 중심으로 생각하고 행동하고 그 가치 안에서 이익을 추구하되, 전체의 이익과 개인의 이익이 충돌할 때는 기꺼이 자신의 이익을 양보할 줄 아는 사람이다. 이러한 사람이 지금 지구에 필요한 신인류이다.

지구는 한두 사람이 아닌 많은 신인류가 필요하다. 그래서 이러한 의식과 의지가 있는 사람이 적극적으로 주위 사람들과 소통하면서 공유하고 참여를 독려해야 한다. 방법은 무수히 많다. 이 책의 출발점이었던 '신인류 선언문' 서명운동부터 시작하는 것도 좋다. 현재 우리가 가진 모든 연결고리(플랫폼, 직장, 사회단체, 미디어)가 모두 무대이고 도구이다. 지금 당신이 있는 곳이 무대이고, 활동 공간이다. 대화를 시작하고, 좋은 생각을 공유하고, 비슷한 생각과 뜻을 가진 사람들을 찾아 연결하는 중에 영향력이 커질 것이다.

행동의 영향력을 키우기 위해 사람과 활동을 조직화하는 방법도 유연하게 선택할 수 있다. 대중에게 신뢰받는 환경 관련 단체가 활동을 이끌어도 좋다. 학교, 교회, 사찰 등 지역 공동체에 뿌리를 둔 단체가 환경 이슈를 선택하여 이를 우선순위에 두고 실천할 수도 있다. 실제로 근거리 생활환경을 공유하고 있는 주민자치회나 아파트입주자협회가 활동을 이끌어도 좋을 것이다. 시간과 공간의 제약에서 자유로운 연대와 활동을 위해서는 수평적이면서 의사결정이 투명하고 유연하고 빠른 탈중앙화 자율조직(DAO) 같은 형태가 더 효과적일 수도 있다. 이러한 조직에 블록체인이나 메타버스 기술이 결합하여 신인류라는 의제에 동의하는 사람들이 함께 대화하고, 활동을 계획하고, 실천하는 신인류 공동체가 디지털 공간 속에 만들어질 수도 있을 것이다.

교육과 연대를 위해 실천하기

1. 본보기 되기 : 자기 관리에서부터 다른 사람과의 관계, 소비와 투자에 이르기까지 신인류 라이프스타일을 적극적으로 실천함으로써 주위 사람들에게 영감을 준다.
2. 공부하기 : 독서, 강연, 행사, 온라인 채널 등을 통해 신인류의 활동에 도움이 되는 새로운 정보와 기술을 스스로 배우고 익힌다.
3. 대화 시작하기 : 자연 건강, 공생, 환경문제 등에 관해 먼저 대화를 시작한다. 자신의 개인적인 경험, 기사, 책, 영상 등 좋은 정보와 사례를 주위에 공유한다.
4. 긍정적인 정보 알리기 : 우리가 지속 가능한 세상을 만들 수 있다는 희망과 힘을 주는 긍정적인 뉴스와 성공 사례를 찾아서 널리 알린다.
5. 영화 상영회나 독서회 개최하기 : 지속가능성과

공생에 관한 인식을 높여주는 영화를 함께 보거
나 책을 읽고 토론한다. 그런 모임에 참여하거
나, 리더가 되어 모임을 만들고 토론을 이끈다.

6. 공생 단체 지원하기 : 환경, 평화, 구호, 교육 분
야에서 공생 활동을 하는 단체에서 자원봉사
하거나 기부를 통해 후원하고 지원한다.

7. 신인류 선언 알리기 : 가족, 친구, 직장 동료들에
게 신인류 선언을 소개한다. 서약에 동참하고
신인류 선언의 구체적인 행동을 함께 실천하
도록 격려한다.

이 장에서 소개한 실천 방법은 우리가 큰 노력을 들이지
않고도 실행할 수 있는 것들이다. 각자의 생활 조건, 관
심 분야, 특기를 살려 얼마든지 더 효과적인 방법을 찾
아 공유할 수 있다. 의지가 있으면 방법은 무한하다. 우
리가 활용할 수 있는 것은 단지 첨단 기술이나 정보, 활

동에 유리한 환경만이 아니다. 크게 보면, 현재의 위기는 더 성숙한 인류, 더 나은 지구를 만들 기회를 제공하기도 한다. 이 모든 기회가 가리키는 중심에 21세기의 신인류, 바로 당신이 있다.

5장

신인류 선언

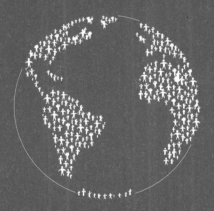

신인류 선언은 처음부터 체계적으로 계획을 세워서 진행한 일이 아니었다. 어느 날, 신인류라는 단어가 섬광처럼 찾아왔다. 지금 지구에 새로운 인류가 필요하다는 절절함이 온몸으로 전해졌다. 그 느낌을 사람들과 공유하면서 신인류의 의미를 정리하다 보니 신인류 선언문이 나왔다. 그 선언문을 구체화하고 실천 방법을 추가하여 내용을 보완한 것이 이 책이다.

많은 논리와 설명이 더해졌지만, 이 책의 핵심은 '신인류'라는 한마디에 다 담겨 있다. 신인류라는 말은 내게 이미지와 느낌, 강력한 에너지로 찾아왔다. 마치 지구가 간절하면서도 강력하게 신호를 보내는 것 같았다. 당신과 나누고자 하는 것도 정보나 논리가 아니라 처음 내가 느꼈던 그 느낌, 안타까움과 절박함이다.

기후변화, 환경오염, 생태계 파괴에 관한 정보들은 이미 넘칠 만큼 많다. 우리에게 부족한 것은 지적인 이해가 아니라 절박한 느낌이고, 책임감이고, 의지이다. 그리고 무엇보다 실질적인 행동이다. 이것이 책의 시작이고 결론이다.

더 평화롭고 지속 가능한 세상을 바라는 꿈과 희망이 당신 가슴에 살아 있다면, 세상을 바꾸고 지구를 살리는 일에 기꺼이 함께하고자 하는 의지가 있다면 당신이 '신인류'이다. 여기에 '신인류 선언' 전문을 싣는다. 깨어난 인류, 신인류로서 선언문의 내용을 실천하고 더 많은 사람이 신인류의 일원이 될 수 있도록 함께 길을 열어가자.

왜 신인류인가?

지금 자연과 사회에서 일어나는 전례 없는 변화는 우리의 정체성과 생활 방식을 근본적으로 바꿀 것을 요구합니다. 오늘의 지구는 새로운 인류가 필요합니다. 모든 생명이 서로 연결되어 있음을 알고, 지구의 건강을 우리가 추구하는 모든 가치의 토대로 삼는, 새로운 의식과 태도를 가진 인류가 나올 때가 되었습니다. 인류는 스스로를 호모 사피엔스로 정의해왔지만 지성만으로는 지구의 문제를 해결할 수 없었습니다. 이제 우리의 의식을 확장하여 지구와 자연, 모든 생명과 공생하는 인간, '호모 코이그지스턴스Homo Coexistence'로 다시 태어나야 합니다. 지금이 바로 그때입니다.

우리는 지금 변화해야 한다

인류는 중대한 갈림길에 서 있습니다. 악화하는 기후변화, 생태계 붕괴, 고삐 풀린 기술 개발, 심해지는 무력 충돌의 위협으로 우리에게는 시간이 없습니다. 변화를 위한 즉각적인 행동이 필요합니다. 생각과 행동을 근본적으로 바꾸어야 합니다.

우리에게는 더 나은 미래가 있다

인류는 서로를 지배하기 위해 경쟁하고 다투면서 많은 사람에게 고통을 주고 지구를 황폐화했습니다. 하지만 그것이 우리의 전부가 아닙니다. 위대하고 아름다운 인류의 역사는 아직 쓰이지 않았습니다. 우리는 암울한 미래가 우리의 다음 역사가 되는 것을 거부합니다. 인류에게는 자신의 운명을 스스로 창조할 수 있는 힘이 있습니다.

우리는 이미 준비되어 있다

우리가 직면한 문제의 답은 이미 우리에게 있습니다. 필요한 것은 선택과 의지입니다. 우리에게는 인류와 지구의 미래를 걱정하며 후손들에게 지금보다 더 나은 지구를 물려주고 싶은 의지가 있습니다. 우리에게는 지속 가능하고 정의롭고 평화로운 미래를 만드는 데 기여하고자 하는 열망이 있습니다. 이 마음이 있다면 우리는 이미 신인류로 탄생할 준비가 되었습니다.

신인류는 누구인가?

우리는 스스로 선택한다

우리는 독단적인 이념이나 종교, 가치에 얽매이지 않습니다. 우리는 과거의 제약에서 벗어나 스스로를 재창조함으로써 몸과 마음, 의식의 주인이 되어 평화롭고 지속가능한 미래를 향한 새로운 길을 선택합니다.

우리는 지구시민이다

우리는 피부색, 언어, 인종, 문화, 종교, 국적을 초월한 지구시민입니다. 우리는 지구시민이라는 정체성을 공유하며, 지구에 대한 사랑과 책임으로 연결되어 있습니다. 우리는 지구와 모든 생명의 건강을 증진하며 사람과 사람, 사람과 자연이 조화롭게 공생하는 세상을 만듭니다.

우리는 자연이다

우리는 자연과 분리되어 있지 않으며 자연의 일부입니다. 우리 한 사람 한 사람의 행동은 자연에 큰 영향을 미칩니다. 우리는 내면의 자연을 일깨움으로써 자연환경과의 연결을 회복하고, 지구와 더 건강한 관계를 만들기 위해 노력합니다.

우리는 지구의 미래다

지구의 미래는 다른 누군가의 문제가 아니라 우리 한 사람 한 사람의 책임입니다. 우리는 이 책임을 기꺼이 받아들이며, 지구와 모든 생명이 함께 잘 살 수 있는 지속 가능한 미래를 창조합니다.

신인류의 실천

우리는 신인류의 일원으로서 다음과 같이 실천할 것을
다짐합니다.

1. 우리는 내 몸과 마음의 건강을 스스로, 가능하면 자
   연적인 방법으로 돌보고 다른 사람들도 그렇게 할 수
   있도록 돕는다.
2. 우리는 탄소발자국을 줄이고, 에너지와 물을 절약하
   며, 천연 서식지와 생물다양성을 보호하고, 자연과 조
   화롭게 살아간다.
3. 우리는 서로 다른 문화와 종교, 국가 간의 대화와 존중,
   이해를 증진하며 조화로운 공생의 문화를 창조한다.
4. 우리는 기술을 지혜롭게 사용하며, 책임 있게 소비하
   고 생산하고 투자함으로써 지속 가능하고 공정한 경
   제 발전을 돕는다.
5. 우리는 변화의 시급성, 실천의 기회, 성공 사례를 널리
   알리고 다른 사람들이 지구를 살리는 노력에 동참하
   도록 격려한다.

신인류 서약

개인과 단체, 정부 기관에 이르기까지 우리 모두 단기적인 이익, 편리함, 권력보다 지구와 모든 생명의 건강, 행복, 평화를 우선시합시다. 과거의 생각과 습관을 바꾸고 사람과 사람, 사람과 지구의 공생에 기여하는 신인류 탄생의 첫걸음을 함께 내디딥시다.

"나는 신인류의 일원으로서
지구와 공생하는 일을 나의 개인적인 책임이자
우선순위로 삼을 것을 서약합니다."

'신인류 서약' 바로가기
https://www.newhumanitypledge.org/ko/pledge

신인류가 온다

초판 1쇄 발행 2023년(단기 4356년) 11월 1일
초판 3쇄 발행 2023년(단기 4356년) 11월 30일

지은이 | 이승헌
펴낸이 | 심남숙
펴낸곳 | (주)한문화멀티미디어
등록 | 1990. 11. 28. 제 21-209호
주소 | 서울시 광진구 능동로 43길 3-5 동인빌딩 3층 (04915)
전화 | 영업부 2016-3500 편집부 2016-3532
http://www.hanmunhwa.com

운영이사 | 이미향
편집 | 강정화 최연실
기획 홍보 | 진정근
디자인 제작 | 이정희
경영 | 강윤정 조동희
회계 | 김옥희
영업 | 이광우

ⓒ 이승헌, 2023
ISBN 978-89-5699-461-1 03300

• 잘못된 책은 본사나 서점에서 바꾸어 드립니다.
  저자와의 협의에 따라 인지를 생략합니다.
• 본사의 허락 없이 임의로 내용의 일부를 인용하거나 전재,
  복사하는 행위를 금합니다.